성학십도

성학십도

초판1쇄 인쇄 발행 2014년 6월 30일 | **초판2쇄 발행** 2016년 2월 16일
저자 이황 | **역해자** 홍원식 | **펴낸곳** 계명대학교출판부 | **펴낸이** 신일희
출판등록 제347-1998-1호(1970. 9. 1.)

주소 대구광역시 달서구 달구벌대로 1095
전화 053) 580-6233 | FAX 053) 580-6235

ISBN 978-89-7585-673-0 03150

· 값 8,000원
· 잘못 만들어진 책은 교환해 드립니다.

계명교양총서

59

성학십도

이 황 지음
홍원식 역해

계명대학교 출판부

역해자 서문

『성학십도聖學十圖』는 68세의 원로 대신이자 대학자인 퇴계退溪 이황李滉(1501~1570)이 16세의 어린 나이로 갓 왕위에 오른 선조宣祖(1552~1608, 재위 1567~1608)에게 올린 책이다. 이황은 일찍이 49세 때 풍기군수의 자리에서 스스로 물러난 채 고향 땅인 안동 예안에서 학문에 전념하고 서당을 세워 제자들을 가르치는 데 힘을 쏟고자 하였으나 조정에서는 끊임없이 그를 불러들여 서울과 고향을 오가는 생활을 되풀이하였다. 마침 선조가 어린 나이에 왕위에 오른 뒤 다시 그를 간곡하게 불러들이자, 그는 이미 노년에 접어들어 이제 더 이상은 관직생활을 할 수 없었음에도 거듭된 왕명에 어쩔 수 없이 상경하였다. 상경 후 그는 선조에게 유교적 이상정치의 내용을 담은 「무진육조소戊辰六條疏」를 올리고 경연經筵에서는 참다운 왕의 길을 가르치고자 애썼다. 그러나 기대와 달리 선조가 그의 진심과 충정을 잘 헤아리지 않자, 그는 다시 물러나기로 결심하고 이 『성학십도』를 지어 올렸던 것이다. 그는 이 책을 지어 올리면서 열 폭 병풍으로 만들어 가까이에 두고서 늘 살펴보며 공부할 것을 간곡히 청하였다. 선조는 그의 뜻에 따라 그렇게 하였으며, 이후 이 『성학십도』는 성군聖君의 교과서처럼 인식되었다.

이황은 주지하다시피 조선 중기 걸출한 성리학자로 이른바 '한국 주자학의 시대'를 연 인물이다. 그는 조선을 유교적 이

상국가로 만들고자 꿈꾸었으며, 성리학자로서 그의 절대적 위상은 '퇴계의 나라, 퇴계의 조선'이라는 말을 낳게 하였다. 이런 만큼 그의 삶과 그의 성리학에 대한 이해 없이 조선시대를 이해한다는 것은 그야말로 수박 겉핥기에 지나지 않을 것이며, 아직까지도 많은 부분 '유교 조선'의 영향을 받고 있는 오늘날의 우리들을 볼 때, 우리 한국과 한국인을 깊이 이해하는 데에 그는 반드시 넘어야 할 산이라고 할 수 있겠다.

이 책의 내용은 제목에 나와 있듯이 '성학에 관한 열 가지 그림책'이다. 좀 더 자세히 말하자면, 모름지기 훌륭한 군왕인 성군이 되기 위해서는 성현과 같은 도덕적 품성을 갖추어야 하는데 이와 같이 성현과 같은 도덕적 품성을 갖출 수 있도록 이끄는 학문이 바로 성학이며, 이를 알기 쉽게 열 개의 그림으로 그리고 여기에다 이전 학자들의 설명과 더불어 이황 자신의 설명을 붙인 것이다. 여기에서 우리는 무엇보다 훌륭한 덕성을 갖추어야 훌륭한 군왕이 될 수 있으며, 덕성을 갖춘 훌륭한 군왕이라야 비로소 훌륭한 나라를 만들 수 있다는 이황의 생각을 잘 읽을 수 있다. 그 구체적인 내용은 유학, 그 중에서도 성리학과 관련된 것으로, 몇 개는 이황 자신이 그리고 설명한 것도 있지만 대부분 이전 성리학자들의 것을 가져온 것이다.

사정이 이렇다 보니, 이 책의 분량이 적고 알기 쉽게 그림으로 그렸다고는 하지만 수많은 학자들의 복잡한 학설들이 압축적으로 담겨 있어 결코 이해하기가 쉽지 않다. 상세한 주석을 달아 이러한 문제점을 풀어볼까도 생각해보았지만, 이해에 조금의 도움은 될 수 있겠으나 대학 1학년을 상대로 한 교양교재로서 본 책의 성격에 비추어 볼 때 그다지 현명한 해결책

같지는 않았다. 이에 『성학십도』의 내용 못지않게 조선시대의 대표적 성리학자란 점에서 이황이라는 인물에 대한 이해 또한 중요하다는 생각에 그에 대한 상세한 연보를 달아 먼저 이에 대한 이해를 바탕으로 『성학십도』의 이해를 돕고자 하였으며, 『성학십도』의 내용이 복잡하고 어려운 만큼 원문 이해에 너무 매달리지 말고 각 도에 대한 역해자의 설명을 통해 대강의 뜻을 파악하는 것으로도 무방하다고 생각한다. 아울러 권말에 덧붙인 해설이 『성학십도』에 대한 전체적인 이해를 돕는 데 조금이라도 도움이 될 수 있기를 기대한다.

2014년 3월

역해자 홍원식

목차

제1장

『성학십도』를 올리는 글
「진성학십도차進聖學十圖箚」

제1장

『성학십도』를 올리는 글 「진성학십도차進聖學十圖箚」

판중추부사判中樞府事 신臣 이황李滉은 삼가 두 번 절하고 아뢰옵니다. 신이 생각건대, 도道는 형상이 없고 하늘은 말이 없으나 하도河圖(복희씨 때 황하에서 나왔다는 그림으로 주역 팔괘의 근원)와 낙서洛書(낙수에서 나왔다는 거북 등에 새긴 글자)가 출현하면서부터 성인이 이것을 근거로 하여 괘卦와 효爻를 만들었으니, 도道가 비로소 천하에 드러나게 되었습니다. 그러나 도는 넓고도 넓으니 어디서부터 손을 대야 하며, 옛 교훈은 천만 가지이니 어디로부터 들어가야 하겠습니까? '성현됨의 학문(聖學)'에는 큰 단서가 있고, '마음 수양의 방법(心法)'에는 지극한 요점이 있습니다. 이것을 드러내어 그림을 그리고 이것에다 해설을 지음으로써 사람들에게 도에 들어가는 문과 덕을 쌓는 토대를 보여 주는 것은, 이 또한 후대의 현인들이 부득이하게 했던 것입니다. 하물며 임금의 한마음은 온갖 조짐이 말미암는 곳이고 모든 책임이 모이는 곳이며 온갖 욕망이 서로 다투며 온갖 사특함이 번갈아 침범하는 곳이니, 한번이라도 태만하거나 소홀하여 방종함이 있게 되면 마치 산이 무너지고 바다가 넘치는 것같아 누가 그것을 막을 수 있겠습니까?

옛날의 성스럽고 현명한 임금들은 이것을 근심하였습니다. 이런 까닭에 삼가고 두려워하며 조심하기를 매일같이 해도 오히려 부족하다고 여겼던 것입니다. 사師, 부傅라는 관리를 두고 왕에게 충언을 하는 직책을 만들어 전후좌우에 의疑, 승丞, 보輔, 필弼이라는 왕을 모시는 직책을 두었습니다. 수레를 탈 때는 무술에 뛰어난 호위병이 호위하고, 조정에 있을 때에는 관직이 높은 신하의 가르침이 있었습니다. 책상에 기댈 때는 성현의 교훈을 말하는 악관이 있었고, 침전에 들어서는 왕을 모시는 신하의 교훈과 경계의 말이 있었으며, 일에 임해서는 점을 쳐서 왕을 돕는 신하가 있었고, 편히 쉴 때는 장인들이 일하며 왕을 도왔습니다. 심지어 소반과 밥그릇, 안석과 지팡이, 칼과 검, 출입문과 들창문에 이르기까지 눈길이 닿고 몸이 처하는 곳이라면 어디든 경계하는 말이 있지 않은 데가 없었습니다. 이 마음을 유지하고 이 몸을 지키는 것이 이토록 지극하였기에 덕은 날로 새로워지고 위업은 날로 넓어져서 조그마한 잘못도 없게 되어 크게 이름이 남길 수 있었던 것입니다.

후세의 임금들도 천명을 받아 왕위에 올랐으니 그 책임이 지극히 무겁고 지극히 큼이 어떻겠습니까? 그러나 자신을 다스리는 도구가 이처럼 엄한 것이 하나도 없었습니다. 그런즉 그들이 왕공들의 위에서 편안하게 스스로 성인인 척하며 오만하게 스스로 방자하게 처신하다가 결국에는 무너져서 어지럽게 되어 멸망하는 데로 돌아간 것이 어찌 괴이하다고 할 수 있겠습니까? 그러므로 이러한 때에 신하된 자로서 임금을 인도하여 도에 합당하도록 하는 사람은 진실로 그 마음을 다하지 않음이 없었던 것입니다. 장구령張九齡이 「금감록金鑑錄」을 올린 것과, 송경宋璟이 「무일도無逸圖」를 바친 것과, 이덕유李德裕가 「단의육잠丹扆六箴」을 바친 것과, 진덕수眞德秀가 「빈풍칠월도豳風七月圖」를 올린 것 등은 임금을 사랑하고 나라를 근심하는 간절하고 깊은 충의와 선을 아뢰고 교훈이 될 만한 내용을 바치려는 지극한 뜻이니, 임금으로서 어찌 깊이 유념하여 공경스럽게 받아들이지 않을 수 있겠습니까?

신은 지극히 어리석고 고루하여 여러 대에 걸쳐 베풀어 주신 은혜를 저버리고 시골에 병들어 누워 초목과 함께 썩어 가려고 하였으나 뜻밖에 헛된 이름이 잘못 알려져서 불러와 경연經筵의 중한 자리에 앉게 하시니, 두렵고 황공하여 사양하려 하나 피할 길이 없습니다. 기왕에 외람되이 이를 받는 것을 면하지 못했다면 성학을 권하고 이끌며 임금의 덕을 돕고 길러 요순堯舜시대처럼 융성한 데 이르기를 기약함은 비록 감당할 수 없다고 사양한들 어찌 하겠습니까? 보시는 것과 같이, 신은 학술이 거칠고 성기며 말주변도 어눌한데다 몹쓸 병이 연이어져 거의 시강侍講(임금을 모시고 강의하는 것)조차 하지 못하였고, 겨울 이후로는 그마저 못하게 되었으니 신의 죄는 만 번 죽어 마땅하여 근심스럽고 두려워 몸 둘 곳을 모르겠습니다.

신이 엎드려 생각건대, 당초에 글을 올려 학문을 논했던 말들이 이미 전하의 뜻을 감동시켜 분발하게 하지 못하였고, 그 후 전하를 대하여 여러 번 아뢴 말씀이 또한 전하의 지혜에 도움을 드리지 못했으니, 정성이 부족한 신은 곤혹스러워 어떤 말씀을 드려야 할지를 모르겠습니다. 다만 옛 현인과 군자들이 성학을 밝히고 심법을 얻어서 그림을 그리고 해설을 지어, 사람들에게 도에 들어가는 문과 덕을 쌓는 토대가 무엇인지 보여주었던 것들이 이 세상에 유행하여 해와 별 같이 밝습니다. 이에 감히 이것을 전하께 올려 옛 왕들이 악관들에게 노래를 읊도록 하고 여러 그릇들에다 경계의 말을 새겨 놓았던 취지에 대신하고자 하오니, 지난 날에 중히 여기던 것을 본받아 미래에 유익함이 있었으면 합니다.

이에 그 가운데서 가장 뚜렷하게 드러나는 것 일곱 개의 그림을 얻었습니다. 그 중 「심통성정도心統性情圖」는 정복심程復心의 그림에다 신이 그린 두 개의 작은 그림을 덧붙인 것입니다. 이 밖에 세 가지 그림은 비록 신이 그렸으나 그 글과 뜻, 조목과 배열 순서는 한결같이 옛 현인들의 사상을 그대로 서술한 것으로 신이 지어낸 것이 아닙니다. 이것들을 합하여 『성학십도聖學十圖』라 하고, 각 그림 아래에 또한 외람되게 신의 의견을 덧붙여서 정리하여 올립니다.

다만 신이 춥고 병든 가운데 직접 이 일을 하다 보니, 눈은 침침하고 손이 떨려 글씨가 바르지 못하고 배열과 크기도 고르지 못합니다. 만약 물리치지 않으신다면, 이 원본을 경연관經筵官에게 내려서 자세히 논의하여 잘못된 것을 고치고 보완하게 하십시오. 그리고 글씨를 잘 쓰는 사람으로 하여금 정밀하게 베껴 정본을 만들게 하여, 해당 관서에 보내어 병풍 하나를 만들어 평소 한가롭게 거처하시는 곳에 펼쳐 두시고, 혹은 별도로 조그마하게 하나를 만들어 첩帖으로 꾸며서 항상 책상 위에 놓아두십시오. 굽어보고 우러러 보며 돌아보는 사이에 모두 살펴보아 반성하고 경계하는 것이 있게 된다면 충성을 바치려는 보잘 것 없는 신의 마음에 이보다 더 큰 다행이 없겠습니다.

그런데 『성학십도』의 의의에 대해 다 말씀드리지 못한 것이 있으므로 신이 다시 말씀드리고자 합니다. 제가 일찍이 듣건대, 맹자孟子의 말에 "마음의 맡은 일은 생각하는 것이니, 생각하면 얻고 생각하지 않으면 얻지 못한다."라고 하였고, 기자箕子가 무왕武王을 위하여 홍범洪範을 진술할 때에도 "생각하면 슬기롭게 되고, 슬기롭게 되면 성인이 된다."라고 하였습니다. 대개 마음은 가슴에 갖추어져 있으면서 지극히 텅 비고 신령하며, 이치(理)는 「하도」와 「낙서」에 드러나 있으면서 지극히 뚜렷하고 진실한 것입니다. 지극히 텅 비고 신령한 마음으로 지극히 뚜렷하고 진실된 이치를 구하면 마땅히 얻지 못함이 없을 것입니다. 그러니 생각하면 얻고 슬기로우면 성인이 되는 것이 어찌 오늘날이라고 징험할 수 없겠습니까? 그러나 마음이 텅 비고 신령함도 만약 주재主宰(주체가 되어 이끌어감)함이 없다면 일이 눈앞에 닥쳐도 생각하지 못하게 되고, 이치가 뚜렷하고 진실해도 만약 비추어 보지 못하면 항상 접하고도 보지 못할 것입니다. 이 또한 그림으로 생각을 다하는 공부를 소홀히 할 수 없는 이유입니다. 또한 듣건대 공자孔子께서는 "배우기만 하고 생각하지 않으면 얻는 것이 없고, 생각만 하고 배우지 않으면 위태롭게 된다."라고 하였으니, 배운다는 것은 그 일을 익혀서 참되게 실천함을 말한 것입니다. 대개 성현의 학문은 마음에서 구하지 않으면 어두워서 얻는 것이 없는 까닭에 반드시 생각하여 그 미묘한 것에 통달해야 하고, 그 일을 익히지 않으면 위태롭고 불안한 까닭에 반드시 배워서 그 실질을 실천해야 하는 것입니다. 생각하는 것과 배우는 것은 서로 드러내고 도와주는 관계입니다. 엎드려 바라건대, 현명하신 성상께서는 이 이치를 깊이 헤아리시고 먼저 뜻을 세워 "순舜은 어떤 사람이고 나는 어떤 사람인가? 노력하면 또한 이와 같이 된다."라고 여겨 분연히 힘을 내셔서 배우고 생각하는 두 가지 공부에 힘을 쓰십시오.

그런데 '경을 지킨다(持敬)'는 것은 생각하는 것과 배우는 것을 겸하고 움직이고 멈출 때를 관통하며, 안과 밖을 합하고, 드러난 것과 은미한 것을 한결같이 하는 도입니다. 그것을 행하는 방법은 반드시 이 마음을 가지런하고 장엄하며 고요하고 한결같은 가운데에 보존하고, 이 이치를 배우고 묻고 생각하고 변별하는 동안에 궁구하여 보지 못하고 듣지 못할 때에도 경계하고 두려워하는 것을 더욱 엄하고 조심스럽게 하며 은미하고 그윽히 혼자 있는 곳에서는 성찰하는 것을 더욱 정밀하게 하는 것입니다. 하나의 그림에 대해 생각할 때에는 마땅히 이 그림에 정신을 집중하여 마치 다른 그림이 있는 것을 알지 못하는 것처럼 하고, 한 가지 일을 익힐 때는 마땅히 그 일에 정신을 집중하여 마치 다른 일이 있다는 것을 알지 못하는 것처럼 하여야 합니다. 아침저녁으로 한결같이 하고, 매일 매일 계속 이어지게 하며, 혹은 새벽에 그 의미를 풀어내어 음미하거나 혹은 일상생활에서 사람을 대할 때 체험을 하고 길러나가야 합니다. 처음에는 오히려 마음대로 안 되고 모순되는 근심이 있으며, 때로는 몹시 고통스럽고 유쾌하지 못한 경우가 있는 것을 면할 수 없겠지만, 이것이 바로 옛 사람들이 말한 장차 크게 나아갈 징조이며 또한 좋은 소식의 실마리이니, 절대로 이 때문에 스스로 그만두지 말고 더욱 스스로를 믿고 더욱 힘써야 할 것입니다.

참된 것을 많이 쌓고 힘쓰기를 오래 하게 되면 자연히 마음과 이치가 함께 젖어들어 자신도 모르는 사이에 녹아들어서 관통하게 될 것이며 익히는 것과 일이 서로 익숙하게 되어 점차 순탄하고 편안하게 됨을 볼 수 있을 것이니 처음에는 각각 한 가지에 정신을 집중하여 몰두했지만 이제는 하나로 통합될 수 있을 것입니다. 이것이 바로 맹자孟子가 말한 '깊이 나아가 자득하는' 경지이며, '저절로 생겨나게 되면 어찌 그만둘 수 있겠는가'의 징험입니다. 또 그것을 따라서 부지런히 힘써 나의 재능을 다한다면, 안자顔子의 '인仁을 어기지 않는 마음'이 되어 나라를 다스리는 사업이 바로 그 가운데 있게 되고, 증자曾子가 충忠과 서恕를 일관시켜 도를 전한 책임이 그 몸에 있게 될 것입니다. 두렵고 공경함이 일상생활을 떠나지 않으면서도 중용과 조화, 그리고 만물이 제자리에 잘 길러지는 공덕을 이룰 수 있을 것이며, 덕행이 보편적인 인륜을 벗어나지 않으면서도 천인합일天人合一의 신묘함을 얻을 수 있을 것입니다.

이에 그림을 그리고 해설을 지은 것은 겨우 열 폭의 종이에 적을 수 있는 것이지만, 이것을 생각하고 익혀서 평소에 편안히 거처하는 곳에서 공부하시면 도를 이루고 성인이 되는 요령과 근본을 바로잡고 나아가 다스리는 근원이 다 여기에 갖추어져 있습니다. 오직 성상께서 정신을 집중하고 뜻을 더하여 처음부터 끝까지 반복하여 살펴보는 데 달려 있습니다. 하찮은 것이라고 소홀히 하지 마시고 번거롭다 하여 그만두지 않으신다면 나라에 매우 다행이며 신하와 백성들에게도 매우 다행한 일일 것입니다.

신은 시골 사람들이 미나리와 햇볕을 임금께 바치고자 한 정성을 이기지 못하여 성상의 위엄을 욕되게 함을 무릅쓰고 이를 바치니, 황공하고 두려워 숨이 멎을 지경입니다. 처분대로 하소서.

제2장

『성학십도』 - 성학聖學에 관한 열 가지 그림

제2장

『성학십도』 - 성학聖學에 관한 열 가지 그림

제1도 태극도太極圖

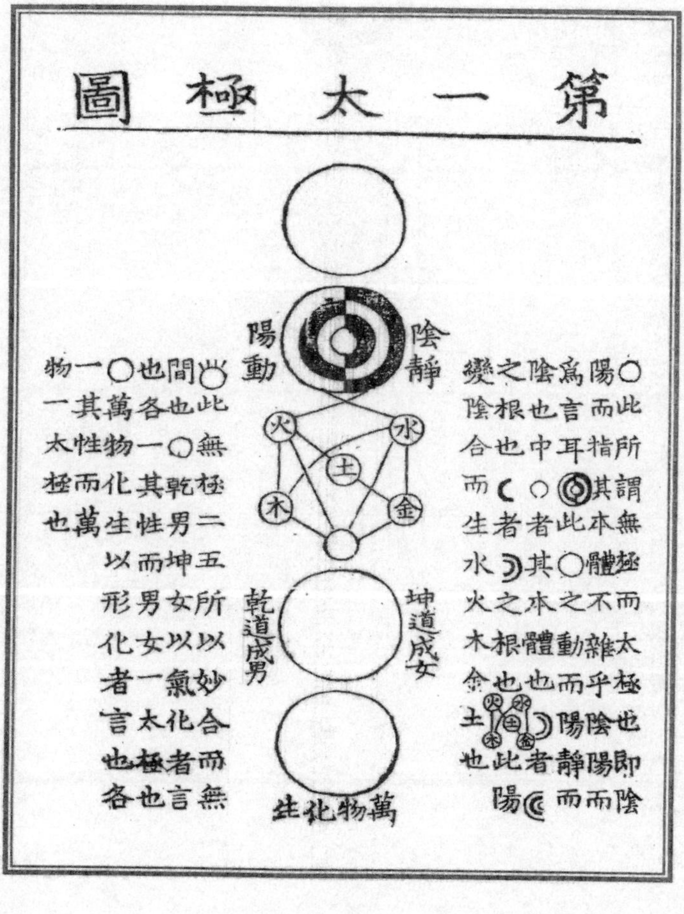

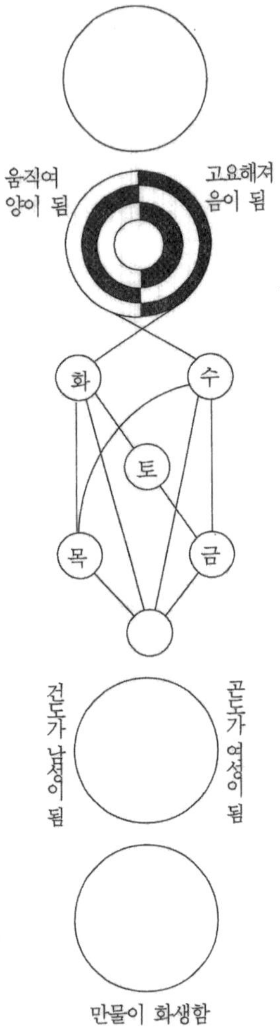

○ 이것은 무극이면서 태극이라는 것이니, 음양에 나아가 그 본체가 음양과 섞이지 아니함을 가리켜 말한 것이다.

◎ 이것은 ○이 움직여 양이 되고 고요해져 음이 되는 것이다. 가운데 있는 ○은 그 본체요, ☽은 ☾의 뿌리요, ☾은 ☽의 뿌리이다.

[symbol] 이것은 양이 변하고 음이 합하여 수화목금토를 생한 것이다.

[symbol] 이것은 무극 · 음양 · 오행이 묘합하여 틈이 없는 것이다.

○의 '건도가 남성이 되고 곤도가 여성이 된다'고 함은 기화로써 말한 것이니, 각기 그 성을 하나씩 갖게 되어 남녀가 각각 하나의 태극이라는 것이다.

○의 '만물이 화생함'이란 형화로써 말한 것이니, 각각 그 성을 하나씩 갖게 되어 만물이 각각 하나의 태극을 갖게 된다는 것이다.

도설-주돈이의 「태극도설」

무극無極이면서 태극太極이다. 태극이 움직여 양陽을 낳고 그 움직임이 정점에 이르면 멈춘다. 멈추면 음陰을 낳고 멈춤이 정점에 이르면 다시 움직인다. 한 번 움직이고 한 번 멈추는 것이 서로의 뿌리가 되어 음과 양으로 나뉘어져서 두 가지 모습이 된다. 양이 변하고 음이 합해져서 수水·화火·목木·금金·토土를 낳으니 다섯 가지 기운이 순조롭게 펼쳐져 사계절이 운행한다. 오행五行은 하나의 음양이고 음양은 하나의 태극이며 태극은 본래 무극이다. 오행이 생겨남에 각기 그 성性을 하나씩 갖추게 되니 무극의 참됨과 음양陰陽·오행五行의 정미함이 미묘하게 합하고 응결되어 하늘은 남성적인 것을 이루고 땅은 여성적인 것을 이룬다. 두 기운이 교감하여 만물을 생기게 하고 변화시키니 만물이 끊임없이 생겨나 변화가 끝이 없다. 오직 사람만이 그 중 빼어남을 얻어 가장 영묘하다. 형체가 이미 생겨남에 정신이 지각을 일으키게 되니, 다섯 가지 본성이 감응하고 움직여 선과 악이 나누어지고 온갖 일이 생겨나게 된다. 성인은 중中·정正·인仁·의義로써 마음을 안정시키되 멈춤을 주로 하여 사람의 표준(人極)을 세우셨다. 그러므로 성인은 천지와 그 덕이 합치하고, 일월日月과 그 밝음이 합치하며, 사계절과 그 순서가 합치하고, 귀신과 그 길흉吉凶이 합치하니, 군자는 이것을 닦아 길吉하게 되고, 소인은 이것을 거슬러 흉凶하게 된다. 그러므로 "하늘의 도를 세워 음과 양이라 하고, 땅의 도를 세워 부드러움과 굳셈이라 하며, 사람의 도를 세워 인仁과 의義라 한다."라고 했으며, 또 "시작의 근원을 추구하고 끝을 되돌아보는 까닭에 삶과 죽음에 관한 도리를 안다."라고 말하였다. 위대하구나! 역易이여, 이것이 그 지극함이로다.

이황이 인용한 주희의 「태극도설」에 대한 설명

주자朱子는 "도설圖說의 첫머리에서 음양 변화의 근원을 말하였고, 그 뒤에서는 사람이 부여받은 것에 대해 밝혔다. '오직 사람만이 빼어난 것을 얻어 가장 영묘하다.'는 것은 순수하고 지극히 선한 본성을 가리키니 이것이 태극이다. '형체가 이미 생겨남에 정신이 지각을 일으키게 된다.'는 것은 양이 움직이고 음이 멈춰서 그렇게 된 것이다. '다섯 가지 본성이 감응하여 움직인다.'는 것은 양이 변하고 음이 합하여 수·화·목·금·토의 성을 낳는 것이다. '선과 악이 나누어진다.'는 것은 남성적인 것을 이루고 여성적인 것을 이루는 상象이다. '온갖 일이 생겨나게 된다.'는 것은 만물을 생겨나게 하고 변화시키는 상이다. 그리고 '성인은 중中·정正·인仁·의義로써 마음을 안정시키되 멈춤을 주로 하여 사람의 표준人極을 세우셨다.'는 것은 또한 태극의 전체를 얻어 천지와 함께 혼합되어 틈이 없는 것이다. 그러므로 그 아래 글에서 또 천지·일월·사시·귀신 등 네 가지와 합치하지 않음이 없다고 하였다."라고 말하였다.

또 "성인은 수양하지 않아도 저절로 된다. 이에 이르지 못하여 수양하는 것은 군자가 길하게 되는 까닭이며, 이것을 알지 못하고 거스르는 것은 소인이 흉하게 되는 까닭이다. 수양하는 것과 거스르는 것은 또한 경敬을 행하느냐 멋대로 행동하느냐의 사이에 달려 있을 뿐이다. 경을 행하면 욕심이 줄어들고 이치는 밝아진다. 욕심을 적게 하고 또 적게 하여 없는 데까지 이르면 멈출 때는 텅 비고 움직일 때는 곧게 되어 성인을 배울 수가 있을 것이다."라고 말하였다.

이황의 설명

위는 주렴계周濂溪(이름 돈이)가 직접 만든 그림과 붙인설명입니다. 섭채葉采는 "이 그림이 『주역周易』「계사繫辭」의 '역易에 태극이 있으니 이것이 양의兩儀를 낳고, 양의가 사상四象을 낳는다.'는 뜻을 미루어 밝힌 것이다. 다만 『주역』에서는 괘卦와 효爻로써 말하고 이 그림에서는 조화로써 말하였다."라고 하였습니다. 주자朱子는 "이것이 도리의 가장 중요한 핵심"이라고 하였으며 또 "백세까지 이어질 도술道術의 연원"이라고 하였습니다. 이제 이 그림을 첫머리에 내세운 것은 또한 『근사록近思錄』에 이 도설을 첫머리에 실은 뜻과 같습니다. 성인을 배우는 사람은 여기에서부터 그 실마리를 구하여 소학과 대학 등의 학문에 힘써야 합니다. 그렇게 하여 공부의 효과를 거두는 날에 하나의 근원에까지 거슬러 올라가게 되면, 이것이 "이치를 궁구하고 본성을 다하여 천명에 이른다."는 것을 말하며, "신묘함을 궁구하여 조화를 아는 것이 덕의 성대함이다"는 것을 말합니다.

역해자의 설명

「태극도太極圖」: 우주의 근원과 생성원리

「태극도」는 북송시대의 주돈이가 그린 것이다. 당시에는 그리 주목받지 못하다 주희가 중시하면서 주자학의 핵심적 사상을 담은 것으로 인식되었다. 특히 태극도의 태극이란 말은 우리에게는 매우 친숙하다. 우리 국기가 태극기이기에 그러하다. 그러나 이를 이해하기는 쉽지 않다. 이 그림은 우주의 근원과 생성 원리에 대해 설명하고 있다. 좀 더 자세히 말하자면 우주의 근원과 이로부터 파생된 만물의 형성 과정을 보여 인간은 그 원리를 하늘로부터 부여받아 태어났는데, 성인은 이를 온전히 실현한 사람이라면 군자는 이를 실현하려고 노력하는 사람임을 역易의 원리로 보여주고 있다. 우주의 근원과 원리에 대한 맨 위의 텅 빈 동그라미와 다음의 음과 양이 섞인 태극, 그리고 오행과 만물을 차례대로 살펴보기로 한다.

텅 빈 동그라미는 무극이라고 하며 아래 태극의 한 양태를 나타낸다고 보는 것이 일반적인 주자학의 관점이다. 물론 주돈이의 의도가 그러한가는 알 수 없다. 다만 그가 도가道家 철학에 상당히 매료되었던 것을 상기한다면 둘은 발생론적 관점에서 이해했던 것이 아닌가 한다. 그래서 이러한 무극의 존재를 부정하는 육왕학陸王學의 입장은 주자학의 이해를 받아들이지 않으면서 많은 논란이 일어나게 된다. 즉 그들은 '무극'이 도가에서 유래된 만큼 '무극이태극無極而太極'이라는 말은 무극에서 태극이 나왔다는 것으로 이해되기에 이는 무에서 유가 나왔음을 의미한다고 했다.

그런데 이황은 기본적으로 주희의 입장에 서 있다. 따라서 우리는 무극이 태극의 동격으로 보아 태극이라고 하면 하나의 실체가 있는 것으로 오해할 것 같아 무극을 덧붙여 경험할 수 없지만 엄연히 존재하는 큰 기준이나 원리로 이해되도록 했다. 마치 저기에 태양이 있지만 그것을 똑바로 쳐다볼 수 없는 것과 같은 것이다. 이렇게 태극을 이해하면 이는 형이상이며 다시 음과 양으로 이루어져 있음을 알게 된다. 음과 양은 형이하로 마치 햇빛과 그늘, 남과 여가 있듯이 대립되는 두 가지 양상을 의미한다. 그래서 태극도설에는 "태극이 움직여 양을 낳는데 그 움직임이 극에 달하면 멈춘다. 멈춰서 음을 낳으며 멈춤이 극에 달하면 다시 움직인다."라고 했던 것이다. 여기서 낳는다는 것은 태극에서 음양이 나왔다는 것이 아니라 태극은 음과 양으로 이루어져 있다는 뜻이다.

그러나 이것으로 만물의 생성을 설명하기에는 부족하다. 오행五行은 바로 그러한 음양의 활동을 보여준다. 주역에서는 태극에 이어 4괘가 나오고 우리의 태극기에도 건곤감리乾坤坎離라는 4괘가 그려져 있다. 그런데 이 그림에서는 4괘가 아닌 오행을 가지고 온다. 오행이란 다섯 가지 요소를 의미하는 것으로 목木·화火·토土·금金·수水를 말한다. 원래 백성들이 살아가는 데 필요한 것을 의미했으나 만물의 성질과 변화를 의미하는 것으로 바뀌었다. 이른바 건이 변해 남성적인 것이 되고 곤이 변해 여성적인 것이 되는 것은 이러한 오행의 원리에 근거한 것으로 보았다. 그리고 여기에는 무엇보다 오행을 상생相生과 상극相克의 원리로 이해하고자 하는 생각이 깔려 있다. 즉 나무에서 불이 나오고 불이 꺼지면 흙이 나오고 흙을 파면 쇠가 나오고 쇠를 가열하면 물이 나오고 물에서 다시 나무가 나오는 상생의 관계가 있다. 반대로 물은 불을 이기고 불은 쇠를 이기고 쇠는 나무를 이기고 나무는 흙을 이기고 흙은 물을 이기는 상극의 관계가 있다. 이러한 상생과 상극의 원리는 단순히 물질적 현상에 그치지 않고 개인 및 나라의 운명을 점치는 데에도 이용되었다. 이렇게 오행의 원리에 입각하여 만물은 형성된다고 보았다.

인간 또한 이러한 원리에 따라 존재한다. 다만 만물과 다른 것은 그 자질이 서로 다르기 때문이다. 식물과 동물과 인간이 다르듯이 인간 또한 다 같은 인간은 아니다. 어떤 사람은 좀 더 좋은 자질을 받고 태어나고 어떤 사람은 자질이 부족한 사람이 있다. 따라서 이러한 차이로 인해 개별적 다양성이 확보되고 성인과 군자, 소인의 구분이 있게 된다. 즉 "성인은 천지와 그 덕이 합하고, 일월日月과 그 밝음이 합하며, 사계절과 그 순서가 합하고, 귀신과 그 길흉이 합하니, 군자는 이것을 닦아 길하게 되고, 소인은 이것을 거슬러 흉하게 된다."라고 했던 것이다.

이렇게 『태극도』는 인간이 토대하고 있는 세계의 질서를 명확히 보여주고 인간은 그러한 질서 속에 존재한다는 것을 천명했다. 주희가 도리의 커다란 두뇌처이며 백세 도술의 연원이라고 하고, 이황이 학문의 단서와 목표가 모두 여기에 있다고 한 것은 바로 이러한 점을 지적한 말이다.

제2도 서명도西銘圖

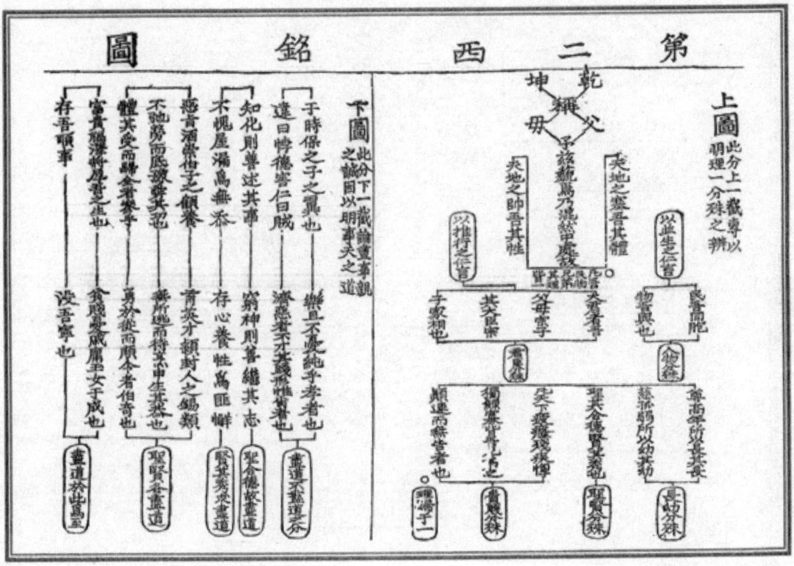

上圖: 서명의 앞부분으로, 리일분수의 구분을 전적으로 밝힌다.

건을 아비라 — 부른다 — 곤을 어미라

천지에 가득 찬 것이 나의 형체를 이루었고 | 나는 조그만 몸으로 혼연일체가 되어 그 가운데 있다. 그러므로 | 천지를 이끄는 것이 나의 본성이 되었다.

백성과 사물과 나의 형제 등 모든 것의 이치는 하나이다.

함께 산다는 인의 입장에서 보면

백성은 나의 동포요 사물은 나의 與族이다.

사람과 사물의 차이

미루어 실천하는 인의 입장에서 보면

천자는 나의 부모의 종자요 대신은 종자의 가상이다.

임금과 신하의 차이

나이 많은 이를 높이는 것은 내 집안의 어른을 어른으로 대접하는 일이고 외롭고 약한 이를 불쌍히 여김은 내 집안의 어린이를 어린이로 돌보는 일이다.

어른과 어린이의 차이

성인은 천지와 덕을 합한 사람이요, 현인은 빼어난 사람이다.

성인과 현인의 차이

천하의 여위고 병든 사람, 고아와 자식 없는 노인, 홀아비와 과부는 모두 다 내 형제 가운데 어려움을 겪으면서 호소할 데 없는 자이다.

귀한 사람과 천한 사람의 차이

○이치는 하나로 귀착된다.

下圖: 서명의 뒷부분으로, 어버이를 섬기는 성심을 다함으로써 하늘 섬기는 도를 밝힌다.

하늘을 두려워하여 뜻을 보존함은 자식이 공경하는 일이며 — 천도를 즐겨 근심 아니함은 효에 순수한 것이다.

천리를 어김을 패덕이라 하고, 인을 해침을 적이라 한다. — 악을 자행함은 부재요, 타고난 본성을 실현함은 부모를 닮은 것이다.

→ 도를 다함과 다하지 못함의 구분

조화의 도리를 알면 하늘의 일을 잘 이어갈 수 있고 — 신묘한 도리를 궁구하면 하늘의 뜻을 잘 계승할 수 있다.

→ 성인은 하늘과 덕이 합치하므로 도를 다한다.

방구석에서도 부끄럽지 않음이 부모를 욕되지 않게 함이요 — 마음을 보존하고 본성을 기름이 게으르지 아니함이다.

→ 현인은 빼어난 사람으로 도를 다하려고 노력한다.

맛있는 술을 싫어함은 우가 부모 봉양을 생각함이며 — 영재를 기름은 영고숙이 효성스런 무리를 잇게 함이다.

힘들어도 게으르지 않아 어버이를 기쁘게 한 것은 순의 공적이요 — 도망가지 아니하고 죽음을 기다린 것은 신생의 공손함이다.

부모가 주신 몸을 온전하게 지켜 돌아간 사람은 증삼이며 — 용감하게 부모 뜻을 따라 명령에 순종한 사람은 백기이다.

→ 성인과 현인은 각각 도를 다하였다.

부귀와 복록과 은택은 나의 삶을 풍요롭게 만들어 줄 것이며 — 빈천과 근심, 걱정은 너를 옥성시켜 줄 것이다.

살아 있는 동안 나는 이치를 어기지 않고 — 죽어서는 편안히 돌아갈 것이다.

→ 도를 다함이 여기에 이르러 지극하다.

도설-장재의 「서명」

하늘(건乾)을 아버지라 부르고, 땅(곤坤)을 어머니라 부른다. 나는 이 조그마한 몸으로 혼연하게 그 가운데에 있다. 그러므로 천지에 가득 찬 것은 나의 형체가 되었고 천지를 이끄는 것은 나의 본성이 되었으니 백성은 나의 동포이며, 만물은 나와 함께 있는 것이다. 대군大君은 내 부모의 맏아들이며, 대신大臣은 맏아들의 집안일을 돌보는 집사이다. 나이 많은 이를 높이는 것은 어른을 어른으로 섬기는 것이고, 외롭고 약한 이를 불쌍히 여기는 것은 어린이를 어린이로 대하는 것이다. 성인은 그 천지와 덕을 합한 사람이며 현인은 그 빼어난 사람이다. 천하의 여위고 병든 사람들과 아비 없는 자식, 자식 없는 아비, 그리고 홀아비와 과부들은 모두 나의 형제 가운데 어려움을 당하여도 하소연할 데가 없는 자이다. 이에 하늘의 뜻을 보존하는 것은 자식으로서 공경함이며, 즐거워하고 근심하지 않는 것은 효孝에 순수한 것이다. 천리를 어기는 것을 패덕悖德(덕을 해침)이라 하고, 인仁을 해치는 것을 적賊(악한 무리)이라 한다. 악한 일을 행하는 자는 선한 재질이 없는 사람이며, 타고난 본성을 다 실현하는 것은 그 부모를 닮은 것이다. 조화의 도리를 알면 하늘의 일을 잘 이어갈 수 있고 신묘한 이치를 탐구하면 하늘의 뜻을 잘 이어갈 수 있다. 남들이 잘 보지 않는 곳에서도 부끄럽지 않은 것이 부모를 욕되지 않게 하는 것이며, 마음을 보존하고 본성을 기르는 것은 부모를 섬기는 데 게을리 하지 않는 것이다. 맛 좋은 술을 싫어하는 것은 우왕禹王이 부모의 봉양을 돌보는 것이며, 영재英才를 기르는 것은 영고숙穎考叔이 효성스런 무리를 잇게 하는 것이다. 힘들어도 게을리 하지 않고 부모를 기쁘게 한 것은 순舜임금의 공적이며, 도망가지 않고 가마솥에 삶겨 죽기를 기다린 것은 신생申生의 공손함이다. 부모로부터 받은 몸을 온전히 보존한 사람은 증삼曾參이며, 용감하게 부모의 뜻에 따르고 명령에 순종한 사람은 백기伯奇이다. 부와 귀, 복록과 은택은 나의 삶을 풍요롭게 할 것이며 빈천과 근심걱정은 나를 옥처럼 연마하여 완성시켜 줄 것이다. 나는 살아있는 동안에는 순종하고, 죽어서는 편안히 돌아갈 것이다.

이황이 인용한 선대 유학자들의 「서명」에 대한 설명

주자朱子가 "정자程子는 『서명』이 리일분수理一分殊를 밝힌 것이라고 생각했다. 건을 아버지로 삼고 곤을 어머니로 삼는 것은 생명을 가진 것이라면 그렇지 않은 것이 없으니 이것이 '리일理一'이다. 그러나 사람과 만물이 생겨남에 혈맥血脈을 가진 무리들은 각기 그 어버이를 어버이로 여기고 그 자식을 자식으로 여기니, 그 나누어짐이 또한 어찌 다르지 않을 수 있겠는가? 하나로 통일되었으면서도 만 가지로 다르니 비록 천하를 한 집으로, 온 세상 사람을 한 사람으로 여기더라도 '겸애兼愛'의 폐단에 흐르지 않고, 만 가지로 다르면서도 하나로 꿰어져 있으니 비록 친근하고 소원한 정情이 다르고 귀하고 천한 등급이 다르더라도 '위아爲我'의 사사로움에 얽매이지 않는다. 이것이 『서명』의 큰 뜻이다. 어버이를 친애하는 정을 미루어 이기심이 없는 공명정대한 마음을 키우고 어버이를 섬기는 정성으로 하늘을 섬기는 도를 밝힌 것을 보면, 어디를 가도 나누어진 것(분수分殊)을 세워 근원적인 이치(리일理一)를 미루어가지 않음이 없다."라고 말하였습니다. 또 "『서명』의 앞부분은 바둑판과 같고 뒷부분은 사람이 바둑을 두는 것과 같다."라고 말하였습니다.

양시楊時는 "『서명』은 리일분수를 말한 것이다. 그 '이치가 하나'임을 알기 때문에 인을 행할 수 있는 것이고, 그 '이치가 나누어져 다름'을 알기 때문에 의義를 행할 수 있는 것이다. 이것은 마치 맹자가 '어버이를 친애한 뒤에 백성을 사랑하고, 백성을 사랑한 뒤에 만물을 아낀다.'라고 한 말과 같다. 그 나누어진 것이 같지 않기 때문에 베푸는 데에 차등이 없을 수가 없는 것일 뿐이다."고 말하였습니다.

요로饒魯는 "『서명』의 전반부 1절節은 사람이 천지天地의 자식됨을 밝혔고, 후반부 1절은 사람이 천지를 섬기는 것이 마땅히 자식이 부모를 섬기듯이 해야 한다는 것을 말한 것이다."라고 말하였습니다.

이황의 설명

위의 서명은 장재張載가 지은 것입니다. 처음 이름은 『정완訂頑』이었는데 정자가 『서명』이라 고쳤고, 정복심程復心이 이 그림을 그렸습니다. 성현됨의 학문은 인仁을 구하는 데 있는 것이니 모름지기 이 뜻을 깊이 체득해야 비로소 자신이 천지 만물과 한 몸이 되는 경지를 알 수가 있을 것입니다. 그렇게 되어야 인을 실천하는 공부가 비로소 절실하고 맛이 있어 아득히 자신과 상관없게 될 걱정이 없을 것이며 또 만물을 자기로 여기는 병통도 없게 되어 마음의 덕이 온전해지는 것입니다. 그러므로 정자는, "『서명』의 뜻은 지극히 완전하게 갖추어져 있으니 곧 인의 체體이다."라고 하고, 또 "이것이 가득 차서 다할 때에 성인이 된다."라고 말하였습니다.

역해자의 설명

「서명도西銘圖」 : 우주의 위계적 질서와 그 실례

「서명도」는 북송시대의 장재가 좌우명으로 쓴 글인 「정완訂頑」을 정이가 「서명」으로 고치고 이것을 원나라 때 정복심이 그림으로 그린 것이다. '정완'이 어리석음을 바로 잡는다는 뜻이란 것에서 알 수 있듯이 "옛 성인들을 근거로 그동안 끊긴 참된 학문을 복원하고자 하는" 의도를 읽을 수 있다. 모두 두 개의 상하도로 나누어져 있다. 앞서 「태극도」에서 말한 만물의 생성에 이어 이러한 만물이 하나의 가족으로 그 속에 존재하는 위계적 질서를 상도에서, 그리고 그 질서의 실례로서 효를 들어 보여주는 것이 하도이다.

그렇다면 상도에 우주의 위계적 질서는 어떻게 되어 있는가? 첫머리에 하늘은 아버지이며 땅은 어머니라고 한다. 이는 인간뿐만 아니라 이 세상에 존재하는 만물이 모두 이러한 천과 지를 통해 생성되었다고 보았다. 이는 바로 인간을 포함한 모든 만물이 하나라는 이른바 동포 즉 가족 개념으로 이해하고 있음을 알 수 있다. 그리고 그러한 공동 분모 속에는 엄연히 구별된 질서가 존재한다. 천자와 대신, 어른과 아이, 심지어 성인과 현인 등 다양한 관계의 그물망 속에서 그 각각의 위치와 지위에 따라 대접하고 보살펴야 하는 것이다. 그럼에도 천지를 닮으려는 노력은 한결같다.

이러한 노력은 바로 윤리의식으로 이어지면서 그 근본적 태도로 효를 강조하게 되는 것이다. 그것이 바로 하도의 내용이다. 효를 실천하는 것이 바로 하늘의 명령을 따르는 것이 되기 때문이다. 그러면서 효의 모범으로 우임금, 순임금, 증자, 영고숙, 신생, 백기를 들고 있다. 물론 이러한 효가 단순히 자신의 의지만으로 가능한 것은 아니다. 거기에 사회적

제도 또한 중요한 과제로 남아있다. 마지막에 "부귀와 행복은 장차 나의 삶을 윤택하게 해 주는 것이며 빈천과 근심은 평소 나를 갈고 닦아 완성시켜 주는 것이다. 나는 살아서는 따르고 섬길 것이며 죽어서야 비로소 편안할 것이다."라고 했다. 이는 바로 부귀나 빈천을 아랑곳하지 않고 심지어 삶과 죽음에도 연연하지 않으면서 자신에게 주어진 역할을 다하는 것이 바로 도덕 실천의 주체로서의 내가 존재하는 이유임을 나타내고 있다.

제3도 소학도小學圖

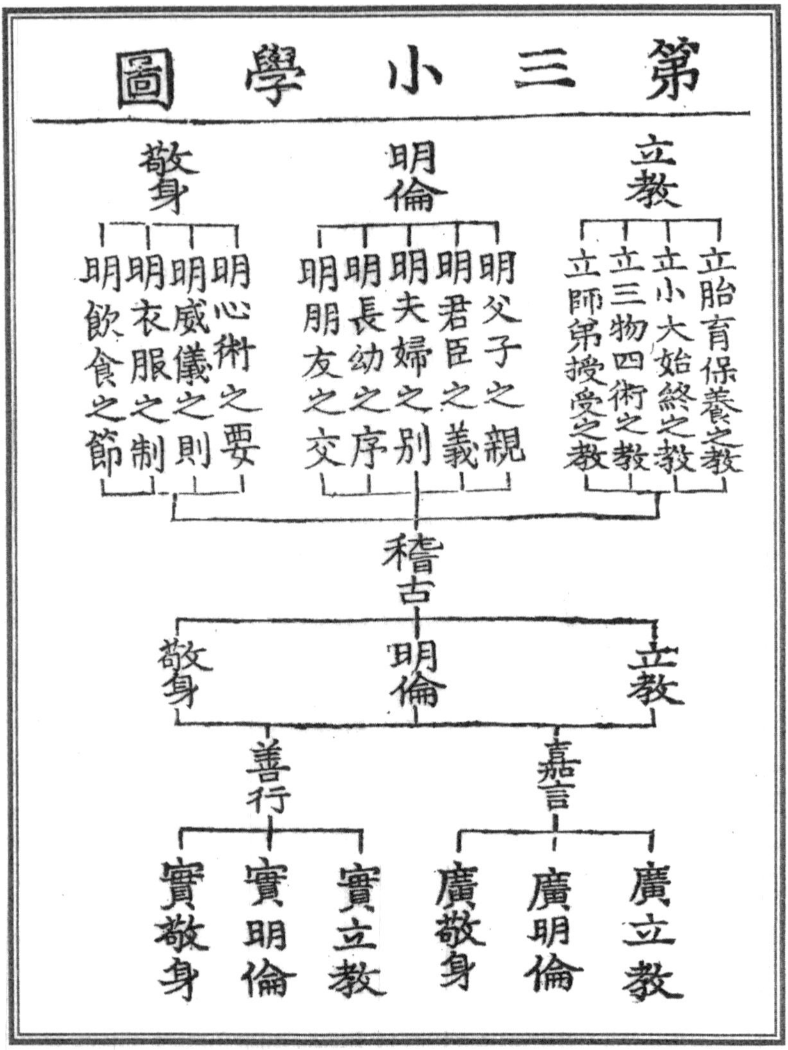
第三小學圖
立教
明倫
敬身
立胎育保養之教
立小大始終之教
立三物四術之教
立師弟授受之教
明父子之親
明君臣之義
明夫婦之別
明長幼之序
明朋友之交
明心術之要
明威儀之則
明衣服之制
明飲食之節
稽古
立教
明倫
敬身
嘉言
善行
廣立教
廣明倫
廣敬身
實立教
實明倫
實敬身

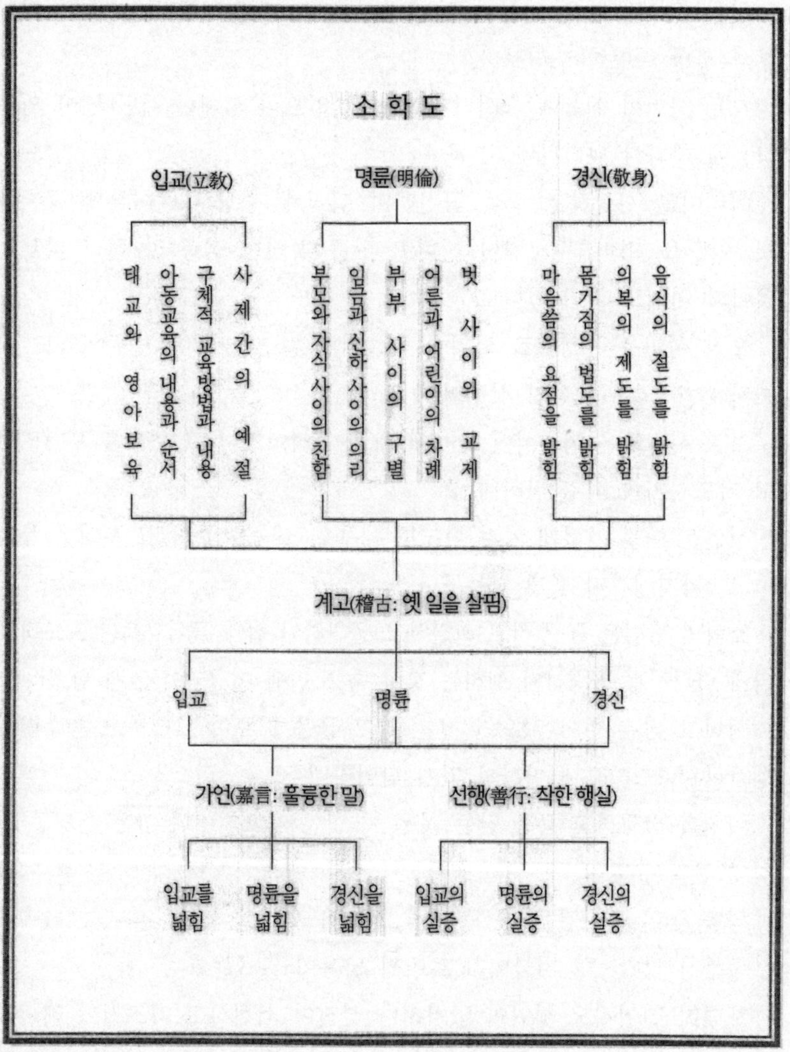
소 학 도
입교(立敎)
명륜(明倫)
경신(敬身)
태교와 영아보육
아동교육의 내용과 순서
구체적 교육방법과 내용
사제간의 예절
부모와 자식 사이의 친함
임금과 신하 사이의 의리
부부 사이의 구별
어른과 어린이의 차례
벗 사이의 교제
마음씀의 요점을 밝힘
몸가짐의 법도를 밝힘
의복의 제도를 밝힘
음식의 절도를 밝힘
계고(稽古: 옛 일을 살핌)
입교
명륜
경신
가언(嘉言: 훌륭한 말)
선행(善行: 착한 행실)
입교를 넓힘
명륜을 넓힘
경신을 넓힘
입교의 실증
명륜의 실증
경신의 실증

도설-주희가 지은 『소학小學』의 「제사題辭」

원형이정元亨利貞은 변하지 않는 천도天道이며 인의예지仁義禮智는 인간 본성人性의 마땅한 도리로다.

모든 사람이 처음에는 선하지 않음이 없으니 성대한 사단四端이 외부 감응에 따라서 나타나네.

어버이를 사랑하고 형을 공경하며 임금께 충성하고 어른께 공손한 것, 이것을 '병이秉彝(사람이 지니고 있는 떳떳한 성품)'라 하니 따르는 것이되 억지로 함이 아니로다.

오직 성인은 본성대로 하기에 하늘처럼 넓고 넓으니, 털끝만큼도 더하지 않아도 모든 선이 갖추어져 있네.

보통 사람들은 어리석어 물욕에 서로 가리어지니 그 도리를 무너뜨리고 자포자기에 빠져 버리네.

성인은 이를 가엾게 여겨 학교를 세우고 스승을 두어 그 뿌리를 북돋아 그 가지에까지 뻗게 하는구나.

소학의 방법은 물 뿌리고 비질하고 응대하며 집에 들어와서는 효도하고 밖에 나가서는 공경하여 행하는 것이 혹 도리에 어긋남이 없게 함이라네.

행하고 남은 힘이 있으면 시를 외고 글을 읽으며 노래하고 춤추면서 생각이 혹 도리를 넘어섬이 없게 함이라네.

이치를 궁구하고 몸을 닦는 것은 이 학문의 요지이니 밝은 천명은 환하여 안팎이 없네.

덕을 높이고 학업을 넓히면 곧 그 처음으로 돌아가게 되니 옛날에도 부족하지 않았으니 지금이라고 어찌 남음이 있겠는가.

세대가 멀어지고 성인이 없어지니 경전이 쇠퇴하고 가르침이 해이해져서 어릴 때 교육이 바르지 않아 자라서 더욱 경박하고 사치스럽게 되었구나.

마을에 좋은 풍속이 없어지고 세상에는 어진 인재가 드무니, 이기심과 욕망이 서로 어지럽게 다투고 이단의 말만 시끄럽구나.

다행히 이 병이는 끝까지 없어지지 아니하니, 옛날에 들은 것을 주워 모아 앞으로 올 후예들을 깨우치려 하노라.

아, 젊은이들이여 이 책을 공경하게 받을지라. 내가 노망이 들어서 하는 말이 아니라 오직 성인의 가르침이니라.

이황이 인용한 주희의 『대학혹문大學或問』

어떤 이가 "그대는 바야흐로 사람에게 『대학』의 도를 말하려 하면서도 그것을 『소학』의 책에서 고증하고자 하니 무슨 까닭인가?"라고 물었다.

주자朱子가 "학문의 크고 작음은 진실로 같지 아니하나 그 도는 하나일 뿐이다. 그러므로 어렸을 때 『소학』을 익히지 않으면 잃어버린 마음을 거두어 그 덕성을 길러서 『대학』의 기본을 삼을 수가 없고, 자라서 『대학』에 나아가지 않으면 의리를 살펴서 일을 실천하여 『소학』의 성과를 거둘 수 없을 것이다. 이제 어린 학생들로 하여금 반드시 먼저 물 뿌리고 비질하고 응대하며 나아가고 물러나는 절차와 예禮(예절) · 악樂(음악) · 사射(활쏘기) · 어御(말타기) · 서書(글쓰기) · 수數(셈하기)의 육예六藝를 익히는 것에서 스스로 다할 수 있게 하고, 자란 뒤에는 '명덕明德'과 '신민新民'에 나아가 '지선至善'에 이르도록 해야 하는 것이니 이것이 곧 당연한 순서인데 또 무엇이 안 된다는 것인가?"라고 대답하였다.

또, "만약 나이가 들어서도 『소학』에 미치지 못한 자는 어떻게 해야 하는가?"라고 물었다.

주자는 "이미 지나간 세월은 진실로 따라잡을 수 없지만 그 공부의 차례와 조목은 어찌 다시 보충하지 못하겠는가? 내가 들으니, '경敬' 한 글자는 성학의 처음과 끝을 이루는 것이라 한다. 『소학』을 공부하는 사람이 경에 말미암지 않는다면 진실로 본원을 함양하여 물 뿌리고 비질하고 응대하며 나아가고 물러나는 절차와 육예의 가르침을 행하지 못할 것이다. 『대학』을 공부하는 자도 경에 말미암지 않는다면 또한 총명함을 계발하여 덕에 나아가게 하고 학업을 익혀서 명덕과 신민의 공을 이룰 수 없을 것이다. 불행히도 때를 놓친 뒤에라도 배우는 사람이 진실로 경에 힘써서 『대학』에 나아가고 『소학』을 겸하여 보충한다면, 그 나아가는 사람이 근본이 없어 스스로 도달하지 못할까 근심하지 않게 될 것이다."라고 대답하였습니다.

이황의 설명

위의 『소학』은 옛날에는 그림이 없었습니다. 신이 삼가 본 책의 목록에 의거하여 이 그림을 그려서 「대학도」와 짝이 되게 하고, 또 주자의 『대학혹문大學或問』에서 『대학』과 『소학』을 함께 말한 것을 인용하여 두 가지 공부의 큰 줄거리를 보였습니다. 대개 『소학』과 『대학』은 서로 의존하여 이루어진 것이므로 하나이면서 둘이고 둘이면서 하나인 것입니다. 그러므로 『대학혹문』에서 이를 통론하였고 여기에서도 두 그림을 함께 실어 서로 완비되게 하였습니다.

역해자의 설명

「소학도」 : 인간 학문의 기본

「소학도」는 남송의 주희가 지은 「소학제사」에 이황이 그림을 그린 것이다. 『소학』은 흔히 1187년에 만들어졌다고 알려져 있으며 구체적으로 누구의 저작인지는 불분명하다. 다만 주희 또는 주희의 제자와 관련되어 있다는 정도만 확인될 뿐이다. 책은 크게 여섯 편으로 구성되어 있는데 입교入教, 명륜明倫, 경신敬神, 계고稽古, 가언嘉言, 선행善行이다. 주된 내용은 어린이를 대상으로 한 만큼 어릴 때부터 지녀야 할 몸가짐과 대인관계의 기본 덕목들이다. 그 대표적인 예가 쇄소응대灑掃應對, 즉 물 뿌리고, 청소하고, 손님 접대하는 것이다. 이렇듯 생활의 기본적인 예절에서부터 공公과 사私를 구분하는 마음공부에 이르게 되면 세상이 돌아가는 이치는 물론 그 속에서 인간의 도리를 조금씩 알아가게 된다고 보았다.

우리나라에서도 이러한 소학공부는 일찍부터 중시되었고 특히 김굉필金宏弼과 조광조趙光祖를 비롯한 사림의 학자들은 사회 전반의 철저한 도덕적 근본주의를 세우기 위한 필수적인 것에 해당했다. 이황도 이와 같은 입장에서 소학 정신을 일상생활에서 실천하려고 노력하였다. 「소학도」는 그런 점에서 학문의 기본을 보여주는 중요한 부분이라고 할 수 있다.

제4도 대학도大學圖

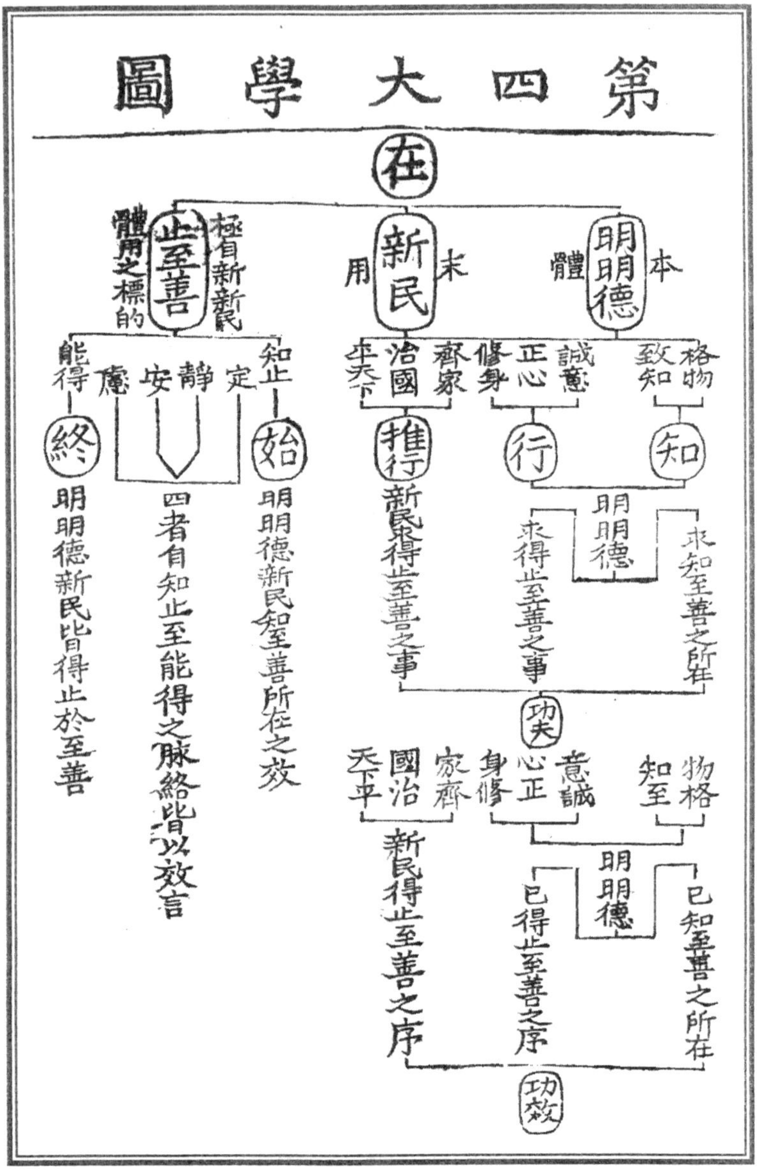
第四大學圖
在
明明德
本
體
新民
末
用
止至善
體用之標的
格物
致知
誠意
正心
修身
齊家
治國
平天下
知
行
推行
明明德
求知至善之所在
求得止至善之事
新民求得止至善之事
功夫
物格
知至
意誠
心正
身修
家齊
國治
天下平
明明德
已知至善之所在
已得止至善之序
新民得止至善之序
功效
知止
定
靜
安
慮
能得
始
終
明明德新民知至善所在之效
四者自知止至能得之脈絡皆以效言
明明德新民皆得止於至善

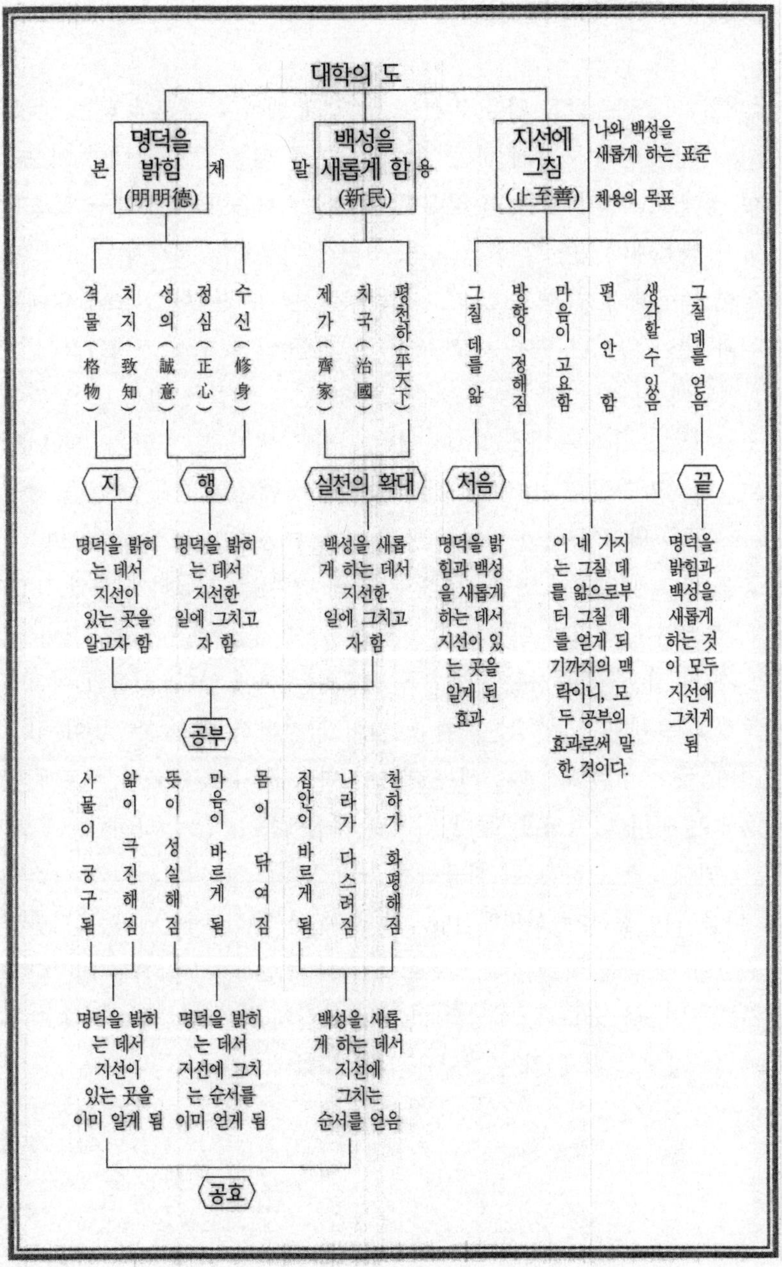
대학의 도
명덕을 밝힘 (明明德)
본
체
백성을 새롭게 함 (新民)
말
용
지선에 그침 (止至善)
나와 백성을 새롭게 하는 표준
체용의 목표
격물(格物)
치지(致知)
성의(誠意)
정심(正心)
수신(修身)
제가(齊家)
치국(治國)
평천하(平天下)
그칠 데를 앎
방향이 정해짐
마음이 고요함
편안함
생각할 수 있음
그칠 데를 얻음
지
행
실천의 확대
처음
끝
명덕을 밝히는 데서 지선이 있는 곳을 알고자 함
명덕을 밝히는 데서 지선한 일에 그치고자 함
백성을 새롭게 하는 데서 지선한 일에 그치고자 함
명덕을 밝힘과 백성을 새롭게 하는 데서 지선이 있는 곳을 알게 된 효과
이 네 가지는 그칠 데를 앎으로부터 그칠 데를 얻게 되기까지의 맥락이니, 모두 공부의 효과로써 말한 것이다.
명덕을 밝힘과 백성을 새롭게 하는 것이 모두 지선에 그치게 됨
공부
사물이 궁구됨
앎이 극진해짐
뜻이 성실해짐
마음이 바르게 됨
몸이 닦여짐
집안이 바르게 됨
나라가 다스려짐
천하가 화평해짐
명덕을 밝히는 데서 지선이 있는 곳을 이미 알게 됨
명덕을 밝히는 데서 지선에 그치는 순서를 이미 얻게 됨
백성을 새롭게 하는 데서 지선에 그치는 순서를 얻음
공효

도설-『대학大學』의 경문經文

『대학』의 도는 밝은 덕을 밝히는 데 있고 백성을 새롭게 하는 데 있으며 지극한 선에 이르게 하는 데 있다. 이를 데를 안 다음에야 지향할 것이 정해지고, 지향할 것이 정해진 다음에야 마음이 고요할 수 있으며, 고요한 다음에야 편안할 수 있으며, 편안한 다음에야 생각할 수 있으며, 생각한 다음에야 얻을 수 있다. 사물에는 본本과 말末이 있으며 일에는 시작과 끝이 있으니 먼저 하고 뒤에 할 것을 알면 도에 가까워질 것이다. 옛날에 밝은 덕을 천하에 밝히고자 했던 사람들은 먼저 그 나라를 다스렸고, 그 나라를 다스리고자 했던 사람은 먼저 그 집안을 가지런히 하였으며, 그 집안을 가지런히 하고자 했던 사람들은 먼저 그 몸을 닦았고, 그 몸을 닦고자 했던 사람들은 먼저 그 마음을 바르게 하였으며, 그 마음을 바르게 하고자 했던 사람들은 먼저 그 뜻을 성실하게 하였고, 그 뜻을 성실하게 하고자 했던 사람들은 먼저 그 앎을 극진히 하였으니 앎을 극진히 하는 것은 사물의 이치를 탐구하는 데에 있다. 사물의 이치를 탐구한 다음에는 앎이 극진해지고, 앎이 극진해진 다음에는 뜻이 성실해지며, 뜻이 성실해진 다음에는 마음이 바르게 되고, 마음이 바르게 된 다음에는 몸이 닦여지며, 몸이 닦여진 다음에는 집안이 가지런하게 되고, 집안이 가지런하게 된 다음에는 나라가 다스려지며, 나라가 다스려진 다음에는 천하가 화평해진다. 천자로부터 일반 사람에 이르기까지 한결같이 다 몸을 닦는 것을 근본으로 삼아야 한다. 그 근본이 어지러우면서 말단이 다스려지는 사람은 없으며, 후하게 할 것에 박하게 하고 박하게 할 것에 후하게 하는 사람은 있지 않았다.

이황이 인용한 『대학혹문大學或問』

어떤 이가 "경敬을 그대는 어떻게 공부하는가?"라고 물었다.

주자가 "정자程子는 일찍이 '하나에 집중하여 다른 것에 신경 쓰지 않는 것(주일무적主一無適)'이라 하였고, 또 '몸가짐을 가지런히 하며 마음을 엄숙하게 하는 것(정제엄숙整齊嚴肅)'이라 말하였다. 그리고 그의 문인門人 사량좌謝良佐는 '항상 깨어 있게 하는 것(상성성법常惺惺法)'이라 하였고, 윤돈尹焞는 '그 마음을 수렴하여 어떤 것도 용납하지 않는다(기심수렴其心收斂, 불용일물不容一物).'라고 말한 것이 있다. 경이란 한 마음의 주인이며 모든 일의 근본이다. 그 힘쓰는 방법을 알면 『소학』이 경에 의지하지 않고서는 시작될 수 없음을 알 수 있으며, 『소학』이 경에 의지하여 시작됨을 안다면 저 『대학』도 경에 의지하지 않고서는 끝맺을 수 없다는 것을 하나로 꿰뚫을 수 있어 의심이 없게 된다. 이 마음이 확립되고 이로 말미암아 사물을 탐구하고 앎을 극진히 하여 사물의 이치를 다 궁구하면, 이것이 이른바 '덕성을 높이고 학문하는 것에 말미암는다(존덕성尊德性과 도문학道問學).'는 것이다. 이로 말미암아 뜻을 성실하게 하고 마음을 바르게 하여 그 자신을 닦으면 이것이 먼저 그 큰 것을 세우면 작은 것이 빼앗을 수 없다는 것이다. 이로 말미암아 집안을 가지런히 하고 나라를 다스려서 천하에까지 미치면 이것이 자신을 닦아 백성을 편안하게 한다는 것이며 돈독하고 공손해서 천하가 화평해진다는 것이다. 이것이 모두 일찍이 하루라도 경에서 떠나지 못하는 것이니 그렇다면 경이라는 한 글자가 어찌 성현됨의 학문에 처음과 끝을 이루는 요체가 아니겠는가?"라고 대답하였습니다.

이황의 설명

윗글은 공자가 남긴 『대학』의 첫 장입니다. 조선 초의 신하 권근權近이 이 그림을 그렸습니다. 장章 아래에 인용한 『혹문』은 『대학』과 『소학』의 의미를 함께 말한 것이니 그 내용은 「소학도小學圖」 아래에 있습니다. 그러나 두 설만 통합하여 볼 것이 아니라 아래위의 여덟 개의 그림도 모두 마땅히 이 두 그림과 통합하여 보아야 할 것입니다. 위의 두 그림은 여기에서 단서를 찾아 확충하고 천도를 체득하여 도를 다하는 극치가 되는 곳으로 『소학』·『대학』의 표준과 본원이 되며, 아래의 여섯 그림은 선을 밝히고 자신을 성실히 하며 덕을 높이고 학업을 넓히는 것에 힘쓰는 것으로 『소학』·『대학』의 실천과 효과가 되는 것입니다. 그리고 경은 또한 상하를 다 관통하는 것이니 공부를 시작하고 공부의 효과를 거두어들임에 모두 마땅히 종사하여 잃지 말아야 할 것입니다. 그러므로 주자의 말씀도 위에서 인용한 『대학혹문』과 같았고 지금이 열 개의 그림도 모두 경으로써 주를 삼았습니다. (「태극도설」에서 정靜은 말하되 경은 말하지 않았는데 주자가 주석하는 가운데 경을 말한 것으로 보충하였습니다.)

역해자의 설명

「대학도」 : 인간 학문의 확대

「대학도」는 『대학』의 글이며 권근이 그린 『입학도설』 중의 하나를 수정한 것이다. 권근權近은 정도전鄭道傳과 함께 조선 건국의 중요한 역할을 했던 인물로 『입학도설』은 배움을 시작하는 그림과 해설을 담은 것이다. 한편 『대학』은 『예기禮記』의 한 편으로 주희에 의해 사서의 반열에 올랐다. 주희는 대학을 장구로 나누고 '격물치지格物致知' 즉 사물 인식에 대한 공부를 다룬 내용이 빠졌다고 하여 '보망장補亡章'을 만들어 집어넣게 된다. 오늘날 우리가 접하는 『대학』은 바로 이러한 체계로 구성된 것이다.

여기서 중요한 것은 바로 3강령 8조목이다. 3강령은 명명덕明明德, 신민新民, 지어지선至於至善이다. 우선 명명덕은 밝은 덕을 밝힌다는 뜻이다. 이 덕은 바로 도덕적 본성을 나타내는 것으로 이것이 세상에 널리 펴져 밝게 해야 한다고 보았다. 신민은 바로 백성들을 새롭게 한다는 뜻이다. 백성들을 다스리는 통치자들은 앞서 언급한 도덕적 본성을 힘써 밝혀 이를 통해 백성들을 일깨워야 한다고 보았다. 여기에 전제되어야 할 것은 바로 통치자가 모범을 보여야 한다는 점이다. 그렇게 된다면 지어지선 즉 지극한 선에 이르게 된다고 보았다.

그렇다면 이러한 목표에 이르기 위해서는 어떠한 방법이 필요할까? 8조목은 바로 이러한 물음에 대한 답으로 언급되고 있다. 격물치지格物致知, 성의정심誠意正心, 수신제가修身齊家, 치국평천하治國平天下에 대해 차례로 살펴보면, 우선 격물치지는 사물을 탐구하여 앎을 이룬다는 뜻이다. 자신의 덕을 밝히는 것은 중요한 일이기는 하지만 이것만으로는 부족하다. 바로 현상 속에 존재하는 사물을 탐구하고 앎을 완성하는 것이 필요하다는 것이다. 여기서 앎은 바로 이치로 법칙과 원리 등이지만 보다 궁극적으로는 인간관계의 도리라고 봐야 할 것이다.

이러한 이치를 알았다면 실천에 옮겨야 하는데 여기에 필요한 것이 바로 성의정심이다. 성의는 자신의 생각을 성실히 한다는 것이며 정심은 마음을 바르게 한다는 뜻이다. 전자는 감정이 드러나기 전에는 어떠한 마음의 변화가 일어나지 않지만 감정이 드러나는 순간에는 다양한 외부적 요인에 의해 정도에서 벗어나 치우칠 우려가 있다. 그래서 이러한 부정적인 감정을 경계하는 것을 말한다. 후자는 혹시나 일어날 수 있는 이러한 치우침을 바르게 하는 것을 말한다. 감정의 적절한 통제를 통해 마음을 다잡는 것이 필요한 것이다. 이렇게 성의와 정심으로 마음을 성실하고 바르게 했다면 이제 대상과의 관계에서 감정뿐만 아니라 자신의 태도까지도 다듬는 것이 필요하다. 이것이 완수됐다면 더욱 확장하여 집안, 국가, 천하에 이르기까지 다스려 바르게 할 수 있다고 말하는 것이다.

결국 마음의 각성을 통해 내 자신을 온전히 할 수 있다면 가와 국, 천하 또한 온전히 다스릴 수 있다고 본 것이다. 그런 점에서 이 대학이 향하고 있는 것은 당대의 왕을 비롯한 사대부들이다. 그들이 이러한 마음의 각성을 통해 사회와 국가의 문제를 고민한다면 이는 분명 백성들이 바라는 참된 세상을 구현할 수 있는 것이다.

제5도 백록동규도白鹿洞規圖

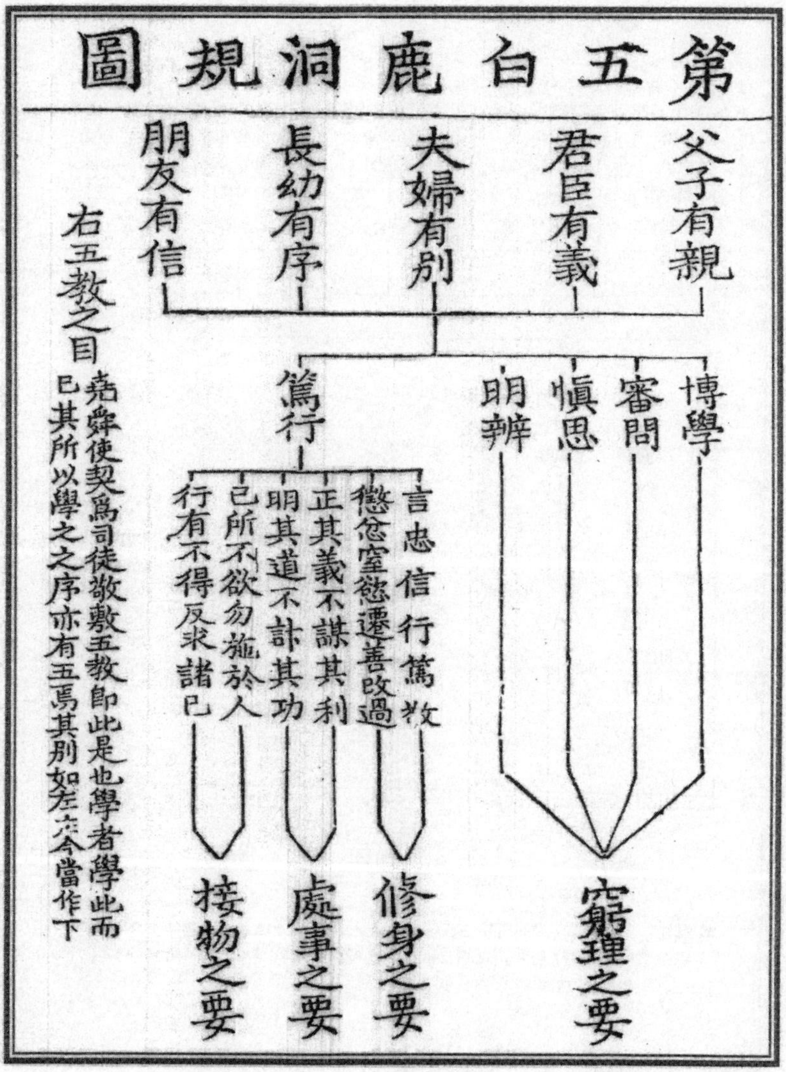

부모와 자식 사이에 친함이 있어야 한다 (父子有親)

군주와 신하 사이에 의로움이 있어야 한다 (君臣有義)

아내와 남편 사이에 분별이 있어야 한다 (夫婦有別)

어른과 어린이 사이에 차례가 있어야 한다 (長幼有序)

붕우 사이에 신의가 있어야 한다 (朋友有信)

널리 배움 (博學)

자세히 물음 (審問)

신중히 생각함 (愼思)

분명하게 변별함 (明辨)

독실하게 실천함 (篤行)

말은 진실되고 믿음 있게, 행동은 독실하고 조심스럽게 한다.

분노와 욕망을 누르며, 잘못을 고쳐 선으로 옮겨 간다.

의(義)를 바르게 실천할 뿐, 이익(利)을 도모하지 않는다.

도(道)를 밝힐 뿐, 공로(功)를 헤아리지 않는다.

내가 바라지 않는 것을 남에게 베풀지 않는다.

실천의 효과를 얻지 못했을 때는 돌이켜 자신을 반성한다.

이치를 연구하는 요체

몸을 수양하는 요체

일을 처리하는 요체

타인을 대하는 요체

● 이상은 오교(五敎)의 조목이다. 요·순이 설을 사도로 삼아 오교를 펴게 하였으니, 이것이 바로 그것이다. 학문이란 바로 이것을 배우는 것일 뿐이다. 배우는 순서에 또한 다섯 가지 조목이 있으니, 그 아래의 다섯 가지이다.

도설-주희가 지은 「동규후서洞規後敍」

내가 가만히 살펴보건대, 옛 성현들이 사람을 가르쳐 학문하게 한 뜻은 의리를 강론하여 밝혀 그 몸을 닦은 뒤에 그것을 미루어 남에게 미치게 하려는 것이지, 한갓 많이 보고 힘써 기억하여 문장으로 이름을 날려 녹봉의 이익이나 취하게 하려는 것은 아니었을 따름이니 지금 공부하는 사람들은 이미 이와는 반대로 되었다. 그러나 성현들이 학생들을 가르쳤던 법은 경전에 다 갖추어져 있으니 뜻 있는 선비는 마땅히 숙독하고 깊이 생각하여 그것을 묻고 변별해야 할 것이다. 진실로 이치의 당연함을 알아 반드시 그렇게 하기를 스스로 노력한다면 어찌 다른 사람이 저 규약과 금지 조항을 만들어주기를 기다린 후에 지키고 따르는 것이 있겠는가? 요즈음에도 학교에 규약이 있지만 배우는 이들을 대우함이 이미 천박하고, 그 법규를 만든 것도 반드시 옛 사람의 뜻에 꼭 부합하는 것 같지가 않다. 그러므로 지금 이 학당에서 다시 시행하지 않고 성현들이 사람을 가르쳐 학문하게 한 큰 단서만을 취하여 위와 같이 조목별로 나열하여 문 위에 게시한다. 여러분들은 서로 연구하고 준수하여 스스로 이것을 노력한다면, 생각하고 말하고 행동할 때 경계하고 삼가며 두려워하는 것이 반드시 규약보다 엄격함이 있을 것이다. 그렇지 않고 혹 금지 조항의 범위를 벗어나게 되면 저 규약이란 것도 반드시 취해야 할 것이니 결코 생략할 수 없다. 여러분들은 명심해야 할 것이다.

이황의 설명

위의 「백록동규」는 주자가 지어서 백록동서원白鹿洞書院의 학생들에게 게시한 것입니다. 백록동은 남강군南康軍 북쪽 광려산匡廬山 남쪽에 있는

데, 당나라 이발李渤이 여기에 은거하여 흰 사슴을 기르며 유유자적하였으므로 그 동의 이름이 된 것입니다. 남당南唐 때는 서원을 세우고 국상國庠(나라의 수도에 있는 학교)이라고 불렀는데 학생들이 항상 수백 명이었습니다. 송나라 태종이 서적을 하사하시고 서원의 원장에게 관직을 내려 학문을 권장했습니다. 중간에 황폐해졌는데 주자가 남강군南康軍 지사知事가 되었을 때 조정에 청하여 이를 중건하고 학생을 모으고 규약을 만들어 도학을 앞장서 밝히니 서원의 교육이 드디어 천하에 성행하게 되었습니다. 신이 이제 규정의 본래 조목에 의거하여 이 「백록동규도」를 그려 보기에 편하게 하였습니다. 요순의 가르침은 오품五品에 있고 하·은·주夏殷周 삼대三代의 학문도 모두 인륜을 밝히는 것이므로 규약의 궁리와 역행도 모두 오륜에 근본하였습니다. 그리고 임금의 학문이 갖추어야 할 법규와 금지 조항은 비록 일반 학자와 다 같을 수 없지만 그것이 이륜에 근본하고 궁리와 역행하여 저 심법의 요점을 얻으려고 한다는 점에서는 다르지 않습니다. 그러므로 이 그림을 함께 올려 아침저녁으로 성상을 가까이서 모시는 신하들의 잠언으로 삼고자 합니다.

* 이상 다섯 개의 그림은 천도天道에 근본하고 있지만 그 공효는 인륜을 밝히고 덕업德業을 힘쓰도록 하는 데 있습니다.

역해자 설명

「백록동규도」: 인간 학문의 구체적인 실천 덕목

「백록동규도」는 주희가 쓴 「백록동규」를 보고 이황이 그린 것이다. 이것은 백록동서원의 학칙으로 학문의 큰 원칙을 밝히고 있다. 즉 인간

관계의 원칙을 밝힌 오륜과 이에 대한 이론 및 실천에 대한 내용을 담고 있다. 오륜은 익히 알다시피 『맹자孟子』에서 처음 나오며 부자유친父子有親, 군신유의君臣有義, 부부유별夫婦有別, 장유유서長幼有序, 붕우유신朋友有信을 말한다. 이에 대한 구체적인 공부로 이론적인 면에서는 박학博學, 심문審問, 신사愼思, 명변明辯 즉 넓게 배우고 자세하게 묻고 신중하게 생각하고 분명하게 구별하는 것을, 실천적인 면에서는 독행篤行 즉 독실하게 실천하는 것을 말하고 있다. 특히 여기서 독실하게 실천하는 것에는 몸을 수양하는 요체와 일을 처리하는 요체, 대인관계의 요체로 나누어 각각 개과천선, 도덕적 명분과 정당성, 그리고 자신을 속이지 않으면서 이를 타인에게도 적용하는 이른바 '충서忠恕'에 대한 내용을 언급하고 있다.

제6도 심통성정도心統性情圖

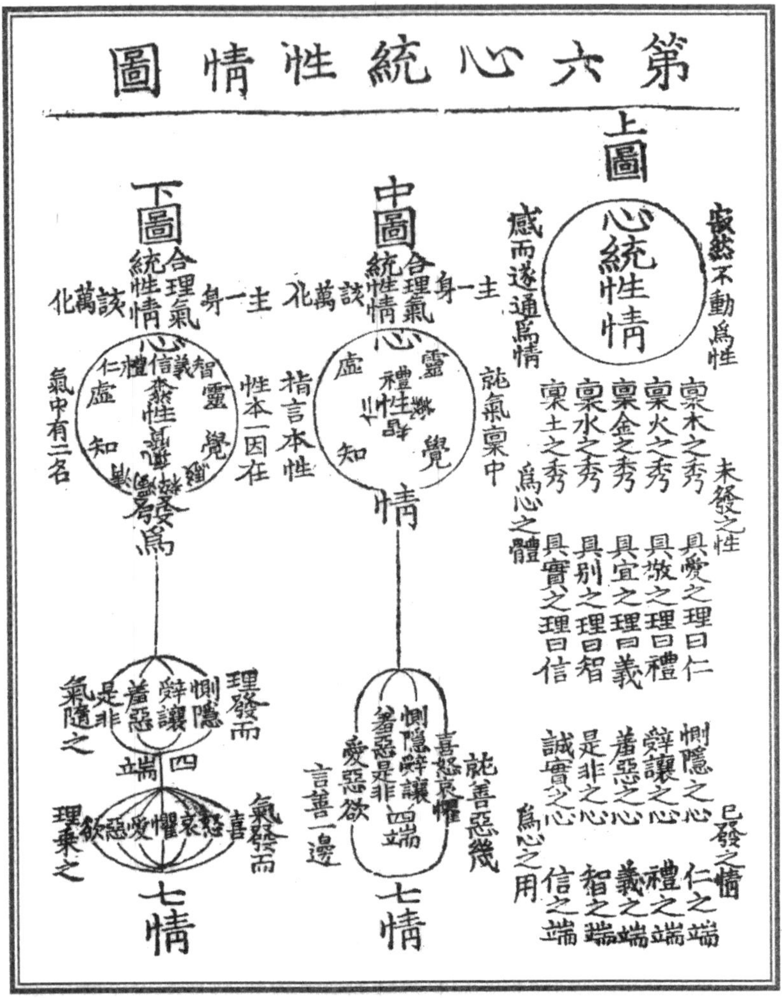

상도

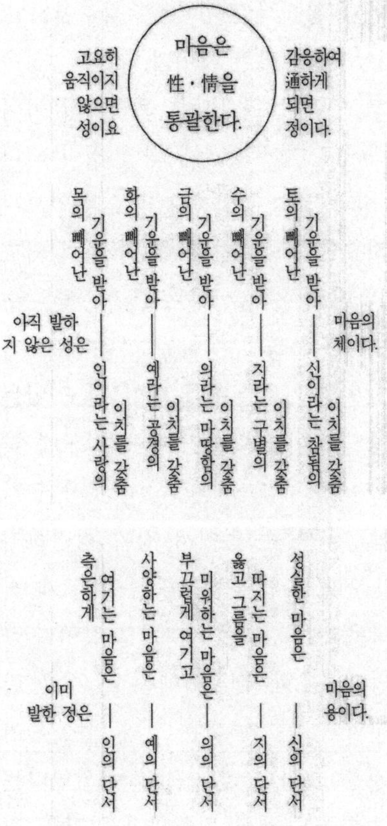

마음은
性·情을
통괄한다.
고요히
움직이지
않으면
성이요
감응하여
通하게
되면
정이다.
아직 발하
지 않은 성은
목의 빼어난 기운을 받아 — 인이라는 사랑의 이치를 갖춤
화의 빼어난 기운을 받아 — 예라는 공경의 이치를 갖춤
금의 빼어난 기운을 받아 — 의라는 마땅함의 이치를 갖춤
수의 빼어난 기운을 받아 — 지라는 구별의 이치를 갖춤
토의 빼어난 기운을 받아 — 신이라는 참됨의 이치를 갖춤
마음의
체이다.
이미
발한 정은
측은하게 여기는 마음은 — 인의 단서
사양하는 마음은 — 예의 단서
부끄럽게 여기고 미워하는 마음은 — 의의 단서
옳고 그름을 따지는 마음은 — 지의 단서
성실한 마음은 — 신의 단서
마음의
용이다.

중도

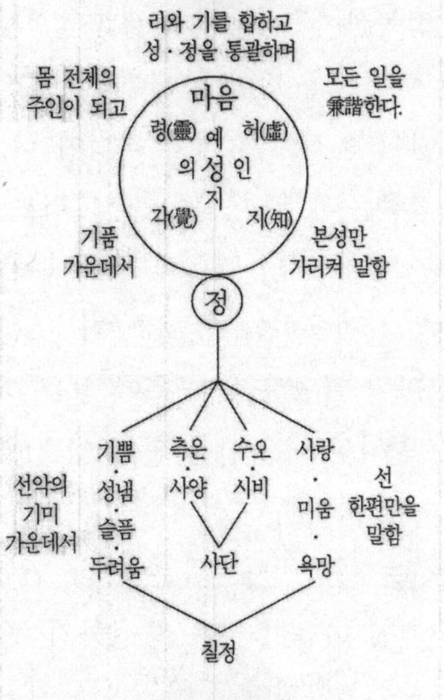

리와 기를 합하고
성·정을 통괄하며
몸 전체의
주인이 되고
모든 일을
兼諳한다.
마음
령(靈) 허(虛)
예
의 성 인
지
각(覺) 지(知)
기품
가운데서
본성만
가리켜 말함
정
기쁨·성냄·슬픔·두려움
측은 사양
수오 시비
사랑·미움·욕망
사단
선악의
기미
가운데서
선
한편만을
말함
칠정

하도

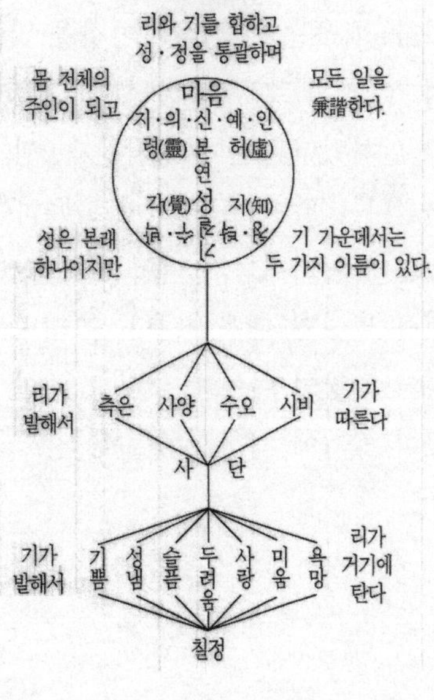

리와 기를 합하고
성·정을 통괄하며
몸 전체의
주인이 되고
모든 일을
兼諳한다.
마음
지·의·신·예·인
령(靈) 본연 허(虛)
각(覺) 성 지(知)
성은 본래
하나이지만
기 가운데서는
두 가지 이름이 있다.
리가
발해서
측은 사양 수오 시비
기가
따른다
사 단
기가
발해서
기쁨 성냄 슬픔 두려움 사랑 미움 욕망
리가
거기에
탄다
칠정

도설-정복심이 지은 「심통성정도설」

정복심이 "'마음이 성性과 정情을 통섭한다.' 고 말한 것은 사람이 오행의 빼어남을 받아서 태어남에 그 빼어난 것에서 오성五性이 갖추어지고, 오성이 움직이는 데서 칠정이 나오다는 것을 말한 것이다. 그 성·정을 통섭하는 것은 마음이다. 그러므로 그 마음이 고요하여 움직이지 아니하면 성이 되니 마음의 본체이며 느끼어 드디어 통하게 되면 정이 되니 마음의 작용이다. 장자張子가 '마음이 성과 정을 통섭한다.'라고 하였으니 이 말이 합당하다. 마음이 성을 통섭하므로 인의예지仁義禮智가 성이 되고 또 '인의의 마음'이란 말도 있으며, 마음이 정을 통섭하므로 측은惻隱·수오羞惡·사양辭讓·시비是非가 정이 되고 또 '불쌍히 여기는 마음·부끄러워하는 마음·사양하는 마음·옳고 그름을 가리는 마음'이란 말도 있는 것이다. 마음이 성을 통섭하지 못하면 감정이 일어나기 전에 절도에 맞을 수 없게 되어 성이 없어지기 쉽고, 마음이 정을 통섭하지 못하면 감정이 일어난 후에 절도에 맞는 조화를 이룰 수 없어서 정이 방탕하기 쉽다. 배우는 사람들은 이것을 알아서 반드시 먼저 그 마음을 바르게 하여 성을 기르고 그 정을 단속하면, 학문하는 방법을 얻게 될 것이다"라고 말하였다. (신이 생각건대, 정자程子의 「호학론好學論」에는 그 정을 단속한다는 말이 마음을 바르게 하는 것과 성을 기른다는 말의 앞에 놓여 있는데 여기에는 도리어 뒤에 있는 것은, 마음이 성과 정을 통섭한다는 것을 말하기 때문입니다. 그러나 이치를 궁구해서 말한다면 마땅히 정자의 주장이 이치에 맞다고 해야 할 것입니다. ○그림에 온당하지 못한 곳이 있기에 약간 고쳤습니다.)

이황의 설명

위의 세 그림 중에 맨 위에 있는 그림은 정복심이 그리고 직접 설명을 하였고, 아래에 있는 두 그림은 신이 외람되게 성현이 말씀을 남겨 가르침을 드리운 뜻을 미루어 생각하여 그렸습니다. 그 중도中圖는 기품氣稟 가운데 나아가서 기품이 섞이지 않은 본연本然의 성性을 가리켜 말한 것이니, 자사子思가 말한 '천명天命의 성', 맹자가 말한 '성선性善의 성', 정자程子가 말한 '성즉리性卽理의 성', 장자張子가 말한 '천지天地의 성'이 바로 이것입니다. 그 성을 말함이 이와 같은 까닭에 그것이 발현하여 정이 된 것도 모두 그 선한 것을 가리켜 말하였으니, 자사가 말한 '중절中節의 정情', 맹자가 말한 '사단四端의 정情', 정자가 말한 '어찌 선하지 않은 것으로 말할 수 있겠는가'라는 정, 주자가 말한 '성性 가운데서 흘러나오는 것이 본래 선하지 아니한 것이 없다'라는 정이 바로 이것입니다. 하도下圖는 리理와 기氣가 합한 것으로 말한 것이니, 공자가 말한 '서로 유사하다'는 성, 정자가 말한 '성이 곧 기요, 기가 곧 성'이라는 성, 장자가 말한 '기질氣質의 성'과, 주자가 말한 '기 가운데 있으나 기는 기요 성은 성이어서 서로 섞이지 않는다'는 성이 바로 이것입니다. 그 성을 말함이 이와 같은 까닭에 그것이 발현하여 정이 된 것도 리와 기가 서로 의지하거나 서로 방해하는 곳을 가지고 말하였습니다. 예컨대 사단의 정은 리가 발현함에 기가 따르니 자연히 순선하여 악이 없지만, 리가 발현하여 미처 이루어지지 못하고 기에 가리어진 뒤에는 불선으로 흘러갑니다. 또 칠정의 정은 기가 발현함에 리가 타서 또한 불선함이 없지만, 기가 발현하여 절도에 맞지 못하여 그 리를 멸하면 방탕하여 악이 되는 것입니다. 이와 같은 까닭에 정부자程夫子는, "성만 논하고 기를 논하지 아니하면 갖추어지지 않으며, 기만 논하고 성을 논하지 아니하면 밝지 아니하니, 이것을 따로따로 분리하면 옳지 않다"고 말하였습니다. 그렇다면 맹자와 자사가 리만을 가리켜 말한 것은 다 갖추어지지 못한 것이 아니라 기를 함께 말하면 성이 본래 선함을 드러낼 수가 없어서일 뿐이니, 이것이 중도中圖의 뜻입니다. 요약하면 리기를 겸하고 성정을 통섭하는 것은 마음인데, 성이 발현하여 정이 되는 즈음이 곧 마음의 기미幾微이며 온갖 변화의 중추이니, 선악이 여기에서 갈라지는 것입니다. 배우는 사람이 진실로 경敬을 견지하는 데 리理와 욕欲의 분별에 어둡지 않고, 더욱 이에 삼가서 감정이 일어나기 전 상태에서 존양存養하는 공부가 깊고 감정이 일어난 후 상태에서 성찰하는 습성이 익숙하여 참을 쌓고 오래 힘써 그치지 아니하면, 이른바 '정밀하고 오로지하며 치우침이 없이 떳떳한 도리를 잡는' 성현됨의 학문과 '체體를 보존하고 용用을 응용하는' 심법心法을 다른 데에서 구할 필요 없이 모두 여기에서 얻게 될 것입니다.

역해자 설명

「심통성정도」: 인간 마음의 구조와 기능

「심통성정도」는 상, 중, 하도로 나누어져 있는데 상도는 정복심이 그렸고 나머지는 이황이 그렸다. 심통성정은 장재가 한 말로 마음이 성과 정을 통괄한다는 말이다. 그런데 이러한 이해는 몇 가지 중요한 문제를 안고 있다. 우선 통을 어떻게 해석하느냐이다. 흔히 통괄한다고 하면 '포괄한다'는 뜻과 '주재한다'는 뜻을 아우르고 있다. '포괄한다'는 것은 포함한다는 뜻인데 그렇다면 심이 성과 정을 포함한다는 말이 된다. 한편 이를 '주재한다'로 새기면 심이 성과 정을 주재한다는 말이 된다. 여기서 잠시 성과 정을 설명한다면 성은 바로 도덕적 본성이며 정은 이것이 드러난 감정이다. 특히 정에는 사단과 칠정이 있는데 이른바 감정에도 도덕적 순선한 감정이 있는 반면 일상적 감정이 존재한다. 이러한 성과 정을 심은 포함하고 있다는 말이다. 성은 리에서 연유하고 심은 기이기에 심에 성이 내함되어 있다는 점은 이해할 수 있는 부분이다. 그런데 만약 이러한 심이 성을 주재한다고 한다면 이는 기가 리를 주재하는 것이 되어 버린다. 지금의 연구들은 대체로 심통성정을 마음이 본성의 기준에 따라 감정을 지배한다는 것으로 이해한다.

이황과 기대승간의 논쟁은 바로 이러한 감정의 문제 특히 사단과 칠정의 관계 문제로 인해 일어난 것이다. 사단은 본성의 단서이기에 순선하다고 하더라도 칠정은 그렇지 않아 악으로 흐를 가능성이 늘 존재하는 것이다. 이황은 이러한 칠정에 대한 사단의 순선성을 확보하고자 이를 분리하여 이해하려고 했다. 반면 기대승은 감정은 하나이며 다만 그것이 드러날 때 순선한 감정이 드러나면 사단이 되고 그렇지 않으면 칠정이 된다고 보아 근본적으로 분리하여 이해할 수 없다고 주장한다.

이황은 이러한 논쟁 속에서 자신의 입장을 몇 차례 수정하긴 하지만 근본적인 선회는 하지 않는다. 이를 「심통성정도」는 분명하게 보여준다. 상도는 마음이 주체가 되어야 한다는 전제에서 중도는 사단이 칠정에 포함되어 있음을 드러내고 있는데 마치 기대승의 의견을 수렴한 듯이 보인다. 그러나 하도는 심 아래에 사단과 칠정을 분리하여 그렸다. 이는 바로 이황 자신의 견해를 드러낸 것이다. 그렇다면 그는 기대승의 견해도 적극적으로 인정한 것인가? 그렇지는 않다. 중도는 사단과 칠정이 모두 절도에 맞는 이상적인 상태를 그린 것이다. 반면 하도는 칠정의 위태로움을 가정하여 사단과 칠정의 분리를 표현했던 것이다. 결국 이황의 궁극적인 의문과 해답은 모두 하도에 집중되어 있다고 할 수 있다. 그도 그럴 것이 여기에 바로 그의 핵심적 명제인 '호발론互發論'이 있기 때문이다.

제7도 인설도仁說圖

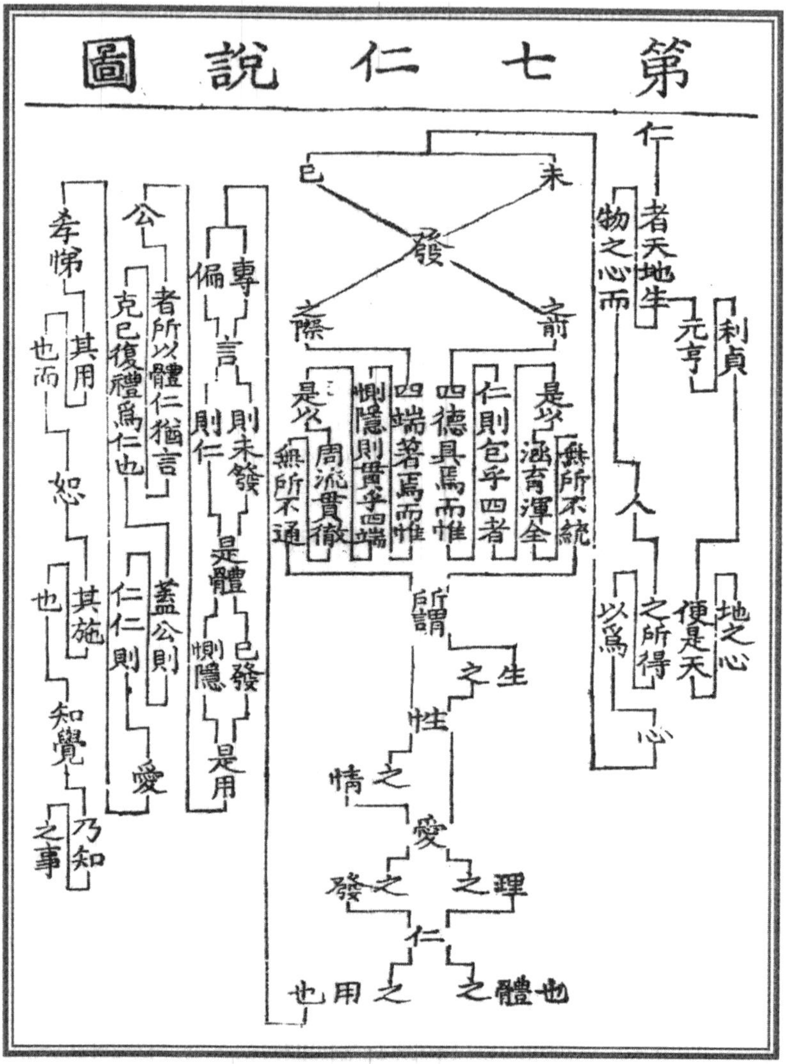

第七仁說圖
仁者天地生物之心而人之所得以爲心
元亨利貞
便是天地之心
未發之前
已發之際
發
四德具焉而惟仁則包乎四者
是以涵育渾全無所不統
四端著焉而惟惻隱則貫乎四端
是以周流貫徹無所不通
所謂生之性愛之理仁之體也
情之發仁之用也
專言則未發是體已發是用
偏言則仁是體惻隱是用
公者所以體仁猶言克己復禮爲仁也
蓋公則仁仁則愛
孝悌其用也而恕其施也
知覺乃知之事

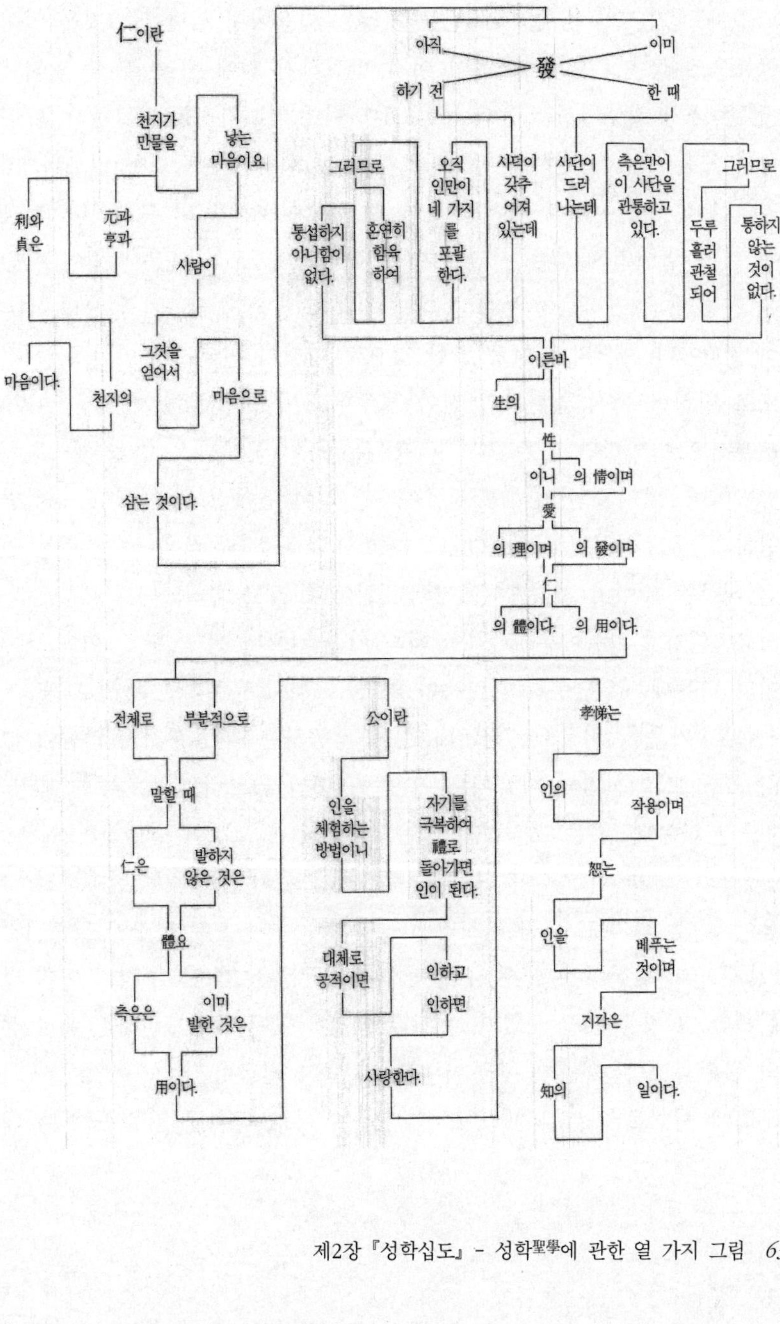
仁이란
천지가 만물을
낳는 마음이요
사람이
그것을 얻어서
마음으로
삼는 것이다.
元과 亨과
利와 貞은
천지의
마음이다.
아직
發
하기 전
이미
한 때
그러므로
통섭하지 아니함이 없다.
혼연히 함육하여
오직 인만이 네 가지를 포괄한다.
사덕이 갖추어져 있는데
사단이 드러나는데
측은만이 이 사단을 관통하고 있다.
그러므로
두루 흘러 관철되어
통하지 않는 것이 없다.
이른바
生의
性
이니
의 情이며
愛
의 理이며
의 發이며
仁
의 體이다.
의 用이다.
전체로
부분적으로
말할 때
仁은
발하지 않은 것은
體요
측은은
이미 발한 것은
用이다.
公이란
인을 체험하는 방법이니
자기를 극복하여 禮로 돌아가면 인이 된다.
대체로 공적이면
인하고
인하면
사랑한다.
孝悌는
인의
작용이며
恕는
인을
베푸는
것이며
지각은
知의
일이다.

도설–주자가 지은 「인설仁說」

주자朱子가 "인仁은 천지가 만물을 낳는 마음이며 사람이 그것을 얻어 마음으로 삼은 것이다. 마음이 아직 발현하기 전에 사덕四德 즉 인의예지仁義禮智가 갖추어져 있는데, 오직 인만이 이 네 가지를 포괄한다. 그리하여 모든 것을 온전하게 함양하고 길러 통섭하지 아니함이 없으니, 생명의 본성이며 사랑의 이치를 말한 것으로 이것이 인의 본체이다. 마음이 이미 발현된 때에는 사단四端이 드러나는데, 오직 측은惻隱만이 사단을 관통한다. 그리하여 두루 흘러 관철하여 통하지 않음이 없으니, 성性의 정情이며, 애愛의 발현을 말한 것으로 이것이 인의 작용이다. 전체적으로 말하면 아직 발현하기 전이 체體이고 이미 발현한 것은 용用이며, 부분적으로 말하면 인은 체이고 측은은 용이다. 공公은 인을 체득하는 방법이니, '자기를 이겨 예禮로 돌아가면 인이 된다'는 말과 같다. 공하면 인하게 되고 인하면 사랑하게 되니, 효제孝悌는 인의 작용이고 서恕는 인을 베푸는 것이며 지각知覺은 지知의 일이다."라고 말하였다.

또 "천지의 마음에는 그 덕이 네 가지가 있으니 원元·형亨·이利·정貞이라 하는데, 원은 통하지 않음이 없다. 그것이 운행하면 차례로 봄春·여름夏·가을秋·겨울冬이 되는데, 봄의 생동하는 기가 통하지 않음이 없다. 그러므로 사람의 마음에도 그 덕이 넷이 있으니 인仁·의義·예禮·지智라 하는데, 인은 포괄하지 않는 것이 없다. 그것이 발현하면 애愛·공恭·의宜·별別의 정情이 되는데, 측은하게 여기는 마음은 관통하지 않음이 없다. 인의 도는 곧 천지가 만물을 낳는 마음으로 만물에 갖추어져 있다. 정이 발현하기 전에 이 본체가 이미 갖추어져 있고, 정이 이미 발현하면 그 작용이 끝이 없다. 진실로 이것을 체득하여 보존하면 온갖 선의 근원과 모든 행실의 근본이 여기에 있지 않음이 없다. 이것이 공자 문하에 사람을 가르칠 때 반드시 배우는 이로 하여금 인을 구하는 데

급급하게 하는 까닭이다. 공자는 '자기를 이겨 예로 돌아가면 인이 된다.'라고 하였으니, 이는 자기의 사욕을 극복하고 천리天理로 돌아갈 수 있으면 이 마음의 본체가 있지 않음이 없고, 이 마음의 작용이 행하지 않음이 없음을 말한 것이다. 또 '평소 거처할 때는 공손히 하고, 일을 할 때는 공경스럽게 하며, 남과 사귈 때는 진심으로 대해야 한다.'는 말은 이 마음을 보존하는 것이다. 또 '효도로써 어버이를 섬기고 공손함으로써 형을 섬기며 서恕로써 다른 사람을 대한다.'는 말은 이 마음을 행하는 것이다. 이 마음은 어떤 마음인가? 천지에 있으면 만물을 낳는 한없이 넓은 마음이며 사람에게 있으면 남을 사랑하고 만물을 아끼는 따뜻한 마음이니, 사덕을 포괄하고 사단에 관통하는 것이다."라고 말하였다.

어떤 이가 "만약 그대의 말과 같다면 정자의 이른바 '사랑은 정이며, 인仁은 성이니, 사랑을 인이라고 말할 수 없다.'라고 한 말은 틀린 것인가?"라고 물었다.

주자가 "그렇지 않다. 정자의 말씀은 사랑의 발현을 인이라고 지칭한 것이고, 나는 사랑의 리理를 인이라고 지칭한 것이다. 정과 성이란 비록 그 나뉜 영역은 다르지만 그 맥락이 통하여 각각 서로 연결되는 것이 있으니 어찌 서로 떨어져서 관계없는 것이라 하겠는가? 나는 배우는 이가 정자의 말을 외우기만 하고 그 뜻을 구하지 않아 마침내 확연히 사랑을 떠나 인을 말하는 데 이름을 염려한 것이다. 그러므로 특별히 이것을 말하여 정자가 남긴 뜻을 밝힌 것인데, 그대가 정자의 말과 다르다고 생각한 것은 어찌 잘못이 아니겠는가?"라고 대답하였다.

어떤 이가 "정자의 제자 중에 만물이 나와 하나가 되는 것을 인의 체體로 여긴 이도 있고, 마음에 지각이 있는 것을 인이란 명칭으로 해석하는 이도 있는데, 이것은 모두 잘못된 것인가?"라고 물었다.

주자는 "만물과 내가 하나라고 말하는 것은 인이 사랑하지 않음이 없다는 것을 보여줄 수는 있지만 인이 마음의 본체가 되는 참모습은 아니다. 마음에 지각이 있다고 말하는 것은 인이 지智를 포괄한다는 것을 보여줄 수는 있지만 인이란 이름을 얻게 된 실상은 아니다. 자공子貢이 공자에게 '백성들에게 은혜를 널리 베풀어 많은 사람들을 구제하면 인이라고 할 수 있습니까?'라고 물었을 때 공자의 대답과 정자가 '지각은 인이라고 할 수는 없다.'라고 한 말을 살펴보면 알 수 있으니, 그대가 어찌 이것으로 인을 논할 수 있겠는가?"라고 대답했다.

이황의 설명

위의 「인설」은 주자가 짓고 그림을 그린 것으로, 사람의 도리를 남김없이 밝혔습니다. 『대학大學』의 전傳에 "임금이 되어서는 인에 머문다."라고 하였으니, 이제 옛 임금들이 마음을 전하고 인을 체득한 묘법을 구하고자 한다면, 어찌 여기에 뜻을 다하지 않을 수 있겠습니까?

역해자의 설명

「인설도」 : 인간 마음의 우주적 사랑과 절제

「인설도」는 주희가 쓰고 그렸다. 주된 내용은 인이 무엇이며 어떻게 인을 실천할 수 있는가를 다루고 있다. 공자 이전에는 인을 남자답다, 씩씩하다는 뜻으로 쓰고 있지만 공자는 인에 대한 명확한 정의를 내리고 있지는 않다. "자신을 극복하고 예로 돌아간다(극기복례克己復禮)", "남을 사랑하는 것이다(애인愛人)" 등의 발언을 통해 인간이 선을 실행하는 데 중요한 것임을 간접적으로 확인할 수 있을 뿐이다.

그런데 주희는 이러한 인을 천지가 만물을 낳는 마음으로 정의하고 있다. 이것은 마치 봄에 만물이 소생하듯이 인간의 마음은 물론 천지자연이 모두 이러한 마음에 근원하고 있다고 보았다. 우주의 원리인 원형이정元亨利貞의 원과 인간의 마음에 도덕적 본성인 인의예지仁義禮智의 인을 같다고 보아 천과 인의 합일적 태도에서 인을 해석하고 있는 것이다. 따라서 이 인을 주희는 사랑함의 이치 또는 마음의 능력이라고 정의했던 것이다.

제8도 심학도心學圖

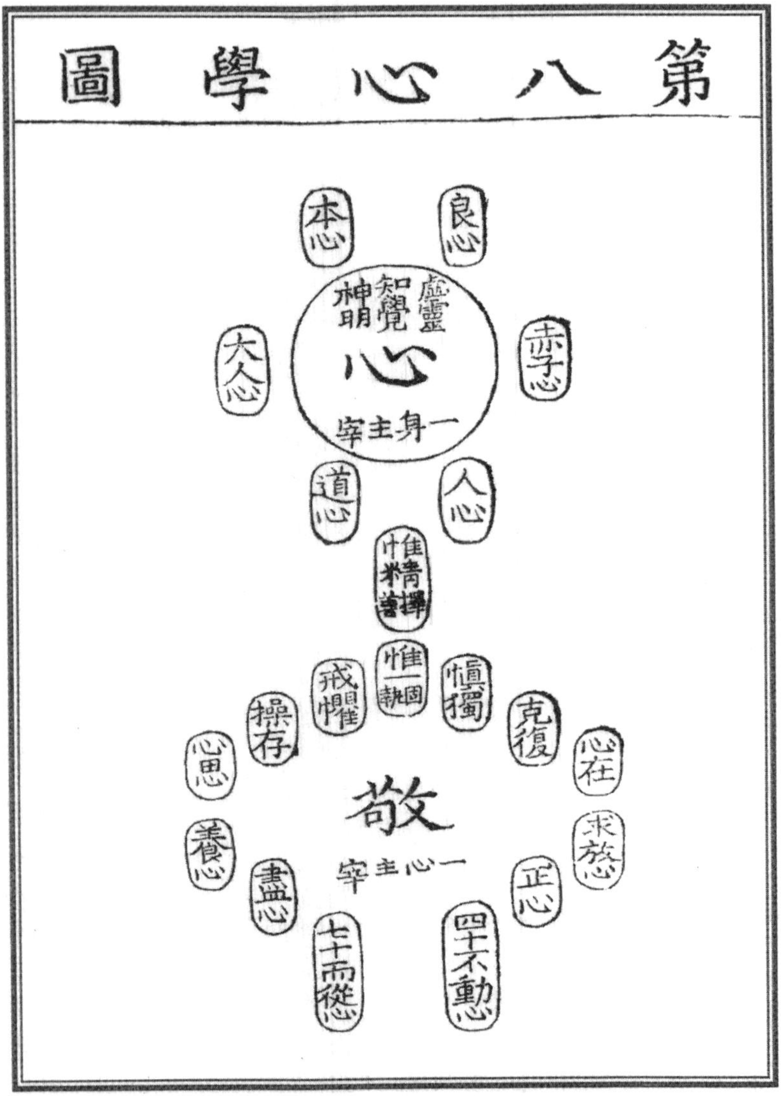
第八心學圖
良心
本心
虛靈
知覺
神明
心
一身主宰
赤子心
大人心
人心
道心
惟精擇善
惟一固執
愼獨
戒懼
克復
操存
心在
心思
敬
一心主宰
求放心
養心
正心
盡心
四十不動心
七十而從

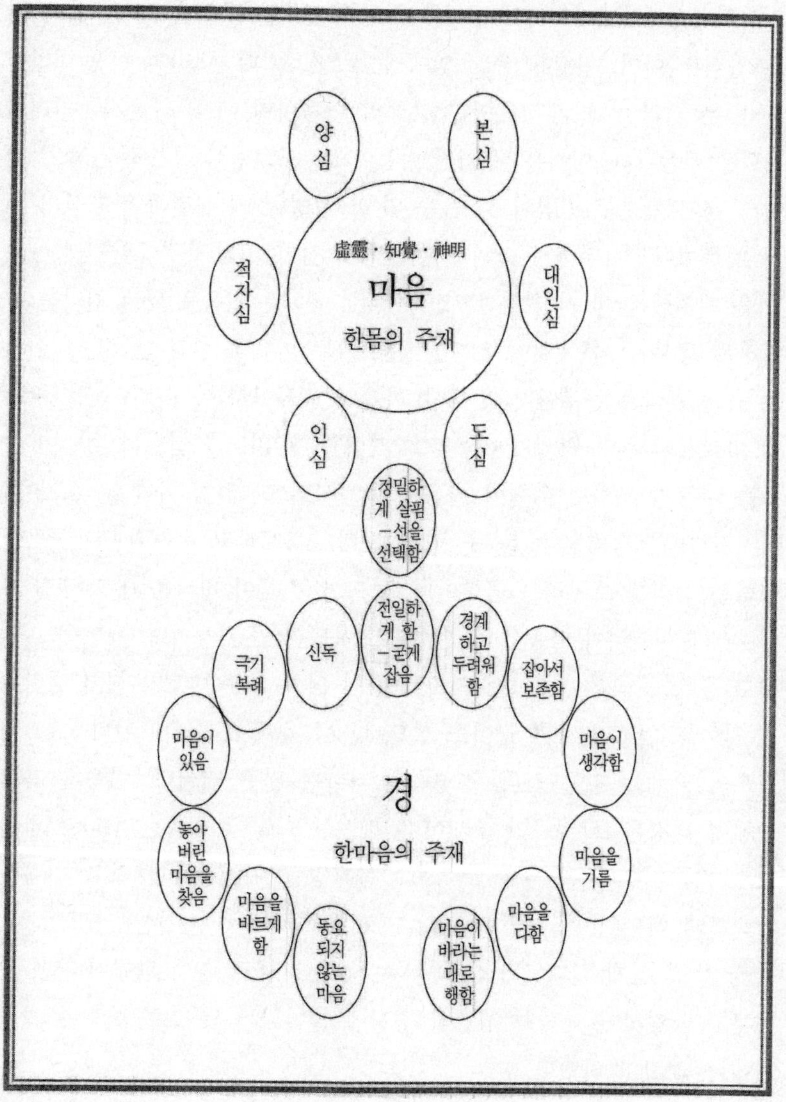
양심
본심
虛靈 · 知覺 · 神明
마음
한몸의 주재
적자심
대인심
인심
도심
정밀하게 살핌 ㅡ선을 선택함
전일하게 함 ㅡ굳게 잡음
신독
극기복례
경계하고 두려워함
잡아서 보존함
마음이 있음
마음이 생각함
경
한마음의 주재
놓아버린 마음을 찾음
마음을 기름
마음을 바르게 함
동요되지 않는 마음
마음이 바라는 대로 행함
마음을 다함

도설–정복심이 지은 「심학도설心學圖說」

정복심은 "갓난아이의 마음(적자심赤子心)은 인욕人欲이 어지럽히지 않은 양심良心이며, 인심人心은 욕망에 눈뜬 마음이다. 대인의 마음(대인심大人心)은 의리가 모두 갖추어진 본래의 마음이며, 도심道心은 곧 의리를 깨달은 마음이다. 이것은 두 가지 마음이 있는 것이 아니니, 실은 형기形氣에서 생기면 모두 인심이 없을 수 없고, 성명性命에 근원하면 도심이 되기 때문이다. '정밀하게 살피고 전일하게 잡아 지킴(유정유일惟精惟一)'과 '선을 택하여 굳게 지킴(택선고집擇善固執)' 이하는 인욕을 막고 천리를 보존하는 공부가 아닌 것이 없다. '홀로 아는 마음을 삼감(신독愼獨)' 이하는 인욕을 막는 공부이니, 반드시 '마음이 움직이지 아니함(부동심不動心)'에 이르러야 부와 명예가 마음을 어지럽힐 수 없고 가난함과 천함이 마음을 바꾸지 못하며 위협이 마음을 굴복시킬 수 없게 되어 그 도가 밝아지고 덕이 확립됨을 볼 수 있게 된다. '경계하고 두려워함(계구戒懼)' 이하는 천리를 보존하는 공부이니, 반드시 '마음이 바라는 대로 행함(종심從心)'에 이르러야 마음이 곧 본체이고 욕망이 곧 작용이며, 체는 곧 도道이고 용은 곧 의義이며, 말소리가 음률이 되고 몸은 법도가 되어 생각하지 않아도 얻고 힘쓰지 않아도 절도에 맞음을 볼 수 있게 된다. 요컨대 공부의 요체는 모두 하나의 '경敬'을 떠나지 않는 것이다. 마음은 몸의 주재이고 경은 또 마음의 주재이니, 배우는 이들이 '마음을 하나로 하여 흐트러지 않으며(주일무적主一無適)', '몸가짐을 가지런하게 하고 마음을 엄숙하게 하며(정제엄숙整齊嚴肅)', '그 마음을 수렴하고(기심수렴其心收斂)', '항상 깨어 있게 한다(상성성常惺惺)'는 학설에 대해 깊이 탐구한다면, 그 공부가 극진하여 넉넉히 성인의 경지에 들어가는 것 또한 어렵지 않을 것이다."라고 말하였다.

이황의 설명

위의 것은 정복심이, 성현들이 심학心學을 논한 명언을 모아 그린 것입니다. 이 그림에서는 용어들을 분류하고 상대하여 배치하기를 많이 하면서도 번잡하게 여기지 않은 것은 성현됨의 학문에 대한 심법이 또한 한 가지가 아니므로 모든 힘써 공부하지 않을 수 없음을 보여주려고 한 것입니다. 위에서 아래로 배열한 것은 다만 얕고 깊은 것과 생소하고 익숙한 것에 대강 이와 같은 것이 있다는 것을 말한 것이지, 그 공부하는 과정과 절차에 치지致知·성의誠意·정심正心·수신修身과 같이 선후가 있다고 말하는 것은 아닙니다. 어떤 이가 "대강을 말하였다고 하나 '흐트러진 마음을 찾음(구방심求放心)'은 공부를 시작할 때의 일이니 '마음이 그 곳에 있음(심재心在)' 뒤에 두어서는 안 된다."라고 의심하였습니다. 신이 생각건대, '구방심'은 얕게 말하면 제일 먼저 공부를 시작해야 할 곳이 되지만, 그 깊은 경지에 나아가 지극히 말하면 순식간에 한 생각이 조금만 잘못되어도 또한 마음이 흐트러진 것(방심放心)입니다. 안자顔子도 오히려 석 달 뒤에는 인을 어기지 않을 수 없었으니, 단지 어기지 않을 수 없었다는 것은 이것이 바로 방심이 된 것입니다. 다만 안자는 잘못하는 순간 바로 그것을 알아 다시는 싹트지 않게 하였으니, 이것 또한 '구방심'의 종류입니다. 그러므로 정복심이 그린 그림의 서술이 이와 같은 것입니다. 정씨의 자字는 자현子見이며 신안新安 사람입니다. 은거하여 벼슬하지 않았으며, 의를 행함이 매우 갖추어져 있었습니다. 늙도록 경전을 궁구하여 깊이 얻은 것이 있었으며 『사서장도四書章圖』 세 권을 저술하였습니다. 원元나라 인종조仁宗朝에 천거되어 기용하려고 하였으나 원하지 않아 향군박사鄕郡博士로 삼자 벼슬을 그만두고 고향으로 돌아갔습니다. 그 사람됨이 이와 같으니 어찌 생각 없이 함부로 그림을 그렸겠습니까?

역해자의 설명

「심학도」 : 인간 마음의 계발

「심학도」는 정복심이 쓰고 그렸다. 『성학십도』에서만 본다면 이황은 정복심의 영향을 상당히 많이 받은 것을 알 수 있다. 정복심은 주희의 제자로 다분히 심학적 경향을 갖고 있었는데 이황은 이를 고스란히 담아내고 있다고 할 수 있다. 이 그림은 크게 두 부분 즉 심과 경으로 나눌 수 있다. 심에 대한 부분은 마음의 여러 가지 개념들을 표현하고 있다. 본심本心, 양심良心, 대인심大人心, 적자심赤子心, 인심도심人心道心 등인데 이 중 인심도심은 많은 논란이 있었다. 특히 성혼과 이이는 앞서 사단칠정논쟁을 더욱 구체화하면서 인심도심과 결부하여 논의하였다. 인간의 마음은 하나이지만 그것이 적절한 상태 즉 기뻐할 때 기뻐하고 슬퍼할 때 슬퍼할 때가 있는가 하면 이것이 지나칠 때가 있는데, 전자는 도심이며 후자는 인심이 된다. 여기서 인심은 곧 인욕으로 이해하는 경우가 많다. 주희와 이이는 다르다고 했고 이황은 분명하게 같다고 말하지는 않지만 인심과 인욕을 거의 같은 것으로 이해했던 것으로 보인다. 그렇게 볼 수 있는 근거는 무엇보다 그가 도심과 인심의 관계를 사단과 칠정의 관계와 동일시했기 때문이다. 이러한 도심과 인심의 관계 속에서 도심을 보존하고 욕망을 제거하는 노력이 필요하고 그런 점에서 이황은 경공부를 강력하게 주장한다. 이황은 다음과 같이 말한다. "마음은 몸을 주재하고 경은 마음을 주재한다." 경은 마음이 절도에 맞게 하는 데 매우 중요한 공부법이라 할 수 있다. 이것이 본격적으로 언급되는 것이 바로 경재잠도이다.

제9도 경재잠도敬齋箴圖

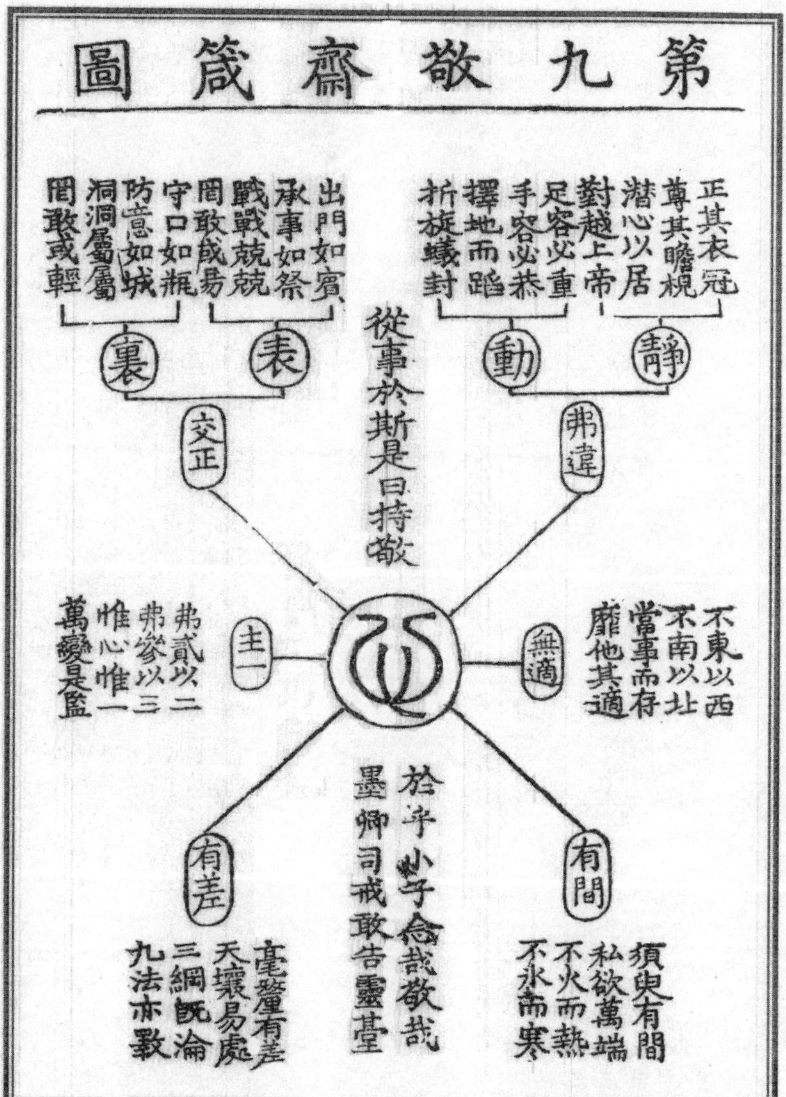

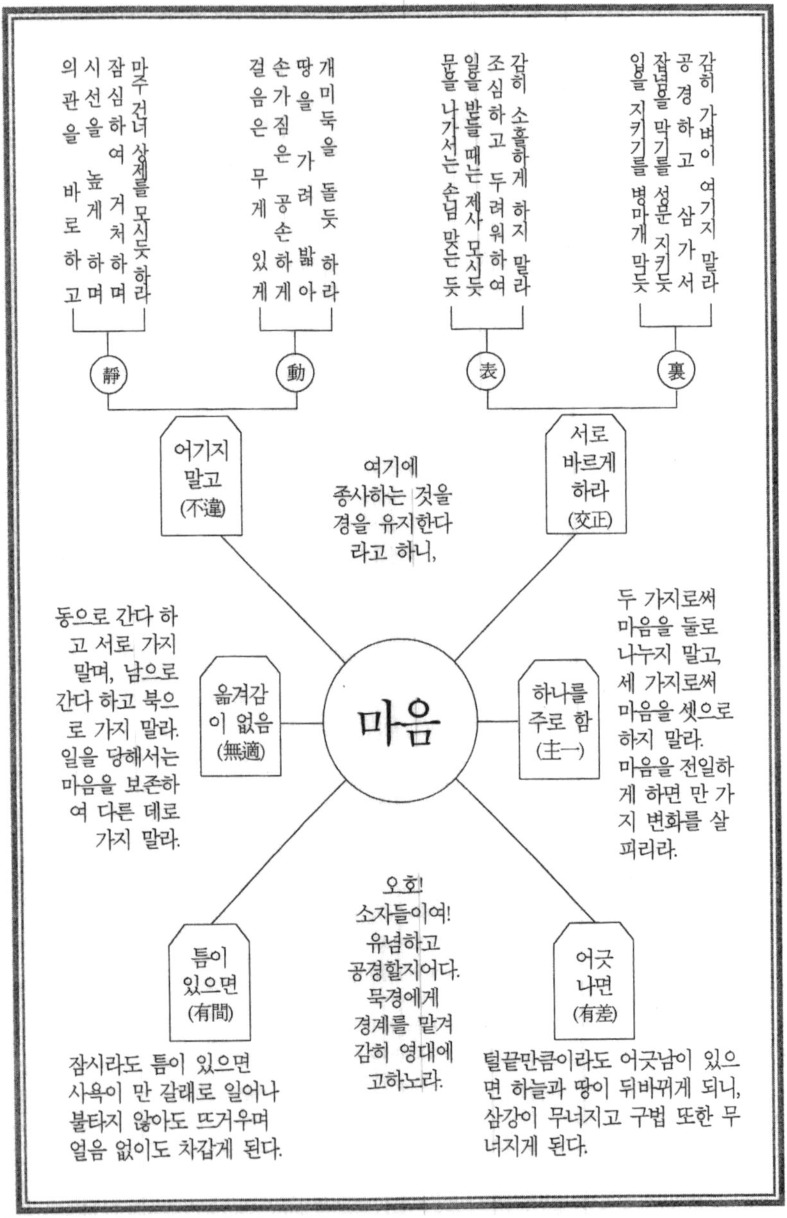

마주 건너 상제를 모시듯 하라
잠심하여 거처하며
시선을 높게 하며
의관을 바로 하고
개미둑을 돌듯 하라
땅을 가려 밟아라
손가짐은 공손하게
걸음은 무게 있게
감히 소홀하게 하지 말라
조심하고 두려워하여
일을 밟을 때는 제사 모시듯
문을 나가서는 손님 맞는 듯
감히 가벼이 여기지 말라
공경하고 삼가서
잡념을 막기를 성문 지키듯
입을 지키기를 병마개 막듯
靜
動
表
裏
어기지 말고 (不違)
여기에 종사하는 것을 경을 유지한다 라고 하니,
서로 바르게 하라 (交正)
동으로 간다 하고 서로 가지 말며, 남으로 간다 하고 북으로 가지 말라. 일을 당해서는 마음을 보존하여 다른 데로 가지 말라.
옮겨감이 없음 (無適)
마음
하나를 주로 함 (主一)
두 가지로써 마음을 둘로 나누지 말고, 세 가지로써 마음을 셋으로 하지 말라. 마음을 전일하게 하면 만 가지 변화를 살피리라.
오호! 소자들이여! 유념하고 공경할지어다. 묵경에게 경계를 맡겨 감히 영대에 고하노라.
틈이 있으면 (有間)
어긋나면 (有差)
잠시라도 틈이 있으면 사욕이 만 갈래로 일어나 불타지 않아도 뜨거우며 얼음 없이도 차갑게 된다.
털끝만큼이라도 어긋남이 있으면 하늘과 땅이 뒤바뀌게 되니, 삼강이 무너지고 구법 또한 무너지게 된다.

도설-주희가 지은 「경재잠」

의관을 바르게 하고 시선을 존엄하게 하며 마음을 가라앉혀 거처하기를 상제上帝를 대하듯 하라.

발걸음은 반드시 무겁게 놓고 손은 반드시 공손하게 하며 땅을 가려 밟아 개미둑 사이로 절도 있게 돌아가듯 하라.

문을 나가서는 손님을 대하듯이 하고 일을 할 때는 제사를 모시듯이 하며 조심하고 두려워하여 혹시라도 안이하게 하지 말라.

입을 지키기를 병마개 막듯 하고 잡념을 막기를 성을 지키듯이 하여 공경하고 삼가서 혹시라도 감히 가벼이 하지 말라.

동으로 간다 하고 서로 가지 말고 남으로 간다 하고 북으로 가지 말 것이니 일을 당해서는 마음을 보존하여 다른 데로 가지 말라.

두 가지 일로 마음을 둘로 나누지 말며 세 가지 일로 마음을 셋으로 나누지 말 것이니 오직 마음을 하나로 집중하여 만 가지 변화를 살펴라.

여기에 종사하는 것을 경敬을 지킨다고 하니, 움직일 때나 고요할 때나 어기지 말고 안과 밖을 서로 바르게 하라.

잠시라도 틈이 있으면 사사로운 욕망이 만 갈래로 일어나 불길이 없어도 뜨거워지고 얼음 없이도 차가워진다.

털끝만큼이라도 어긋남이 있으면 하늘과 땅이 뒤바뀌게 되니 인륜이 무너지고 구법九法(홍범구주로 제왕이 정치하는 아홉 가지 요체) 또한 무너지게 될 것이다.

아, 어린 학생들이여! 깊이 생각하고 공경하라. 이제 경계의 글을 써서 감히 마음에 알리노라.

이황이 인용한 선대 유학자들의 설명

주자가 "둥글게 도는 동작이 둥근 자에 맞는다는 것은 회전할 때 그 둥근 모습이 마치 둥근 자에 맞는 것처럼 되고자 하는 것이며, 꺾어 도는 동작이 직각자에 맞는다는 것은 걸음을 직각으로 꺾어 돌 때 그 반듯한 모습이 마치 직각자에 들어맞는 것처럼 되고자 한다는 것이다. 개미둑은 둑처럼 생긴 개미집이다. 옛말에 '말을 타고 개미둑 사이에서 말을 타고 직각으로 꺾어 돈다.'라고 하였으니, 개미둑 사이라고 말한 것은 골목길이 꼬불꼬불하고 좁지만 말을 타고 그 사이를 꺾어 돌아가면서도 말 달리는 절도를 잃지 않은 것이 어렵다는 것이다. 입을 지키기를 병마개를 막듯 한다는 것은 말을 망령되게 함부로 하지 않는 것이며, 잡념을 막기를 성을 지키듯 한다는 것은 사악한 생각이 일어남을 막는다는 것이다."라고 말하였다. 또 "경敬은 모름지기 마음을 하나에 집중하는 것이다. 처음 하나의 일이 있는데 또 하나를 더하면 곧 둘이 되어 마음이 두 개가 되고 원래 하나가 있는데 또 두 개를 더하면 곧 셋이 되어 마음이 세 개가 된다. 잠깐 사이란 때를 시간으로 말한 것이며, 털끝만한 차이란 일로 말한 것이다."라고 말하였다.

오징吳澄은 "이 잠은 모두 10장으로 한 장은 4구씩이다. 1장은 고요히 있을 때 어기지 않음을 말한 것이며, 2장은 움직일 때 어기지 않음을 말한 것이다. 3장은 외양의 바름을 말한 것이며, 4장은 내면의 바름을 말한 것이다. 5장은 마음이 바르게 되어 일에 통달함을 말한 것이며, 6장은 일을 할 때 전일하게 집중하되 마음에 근본을 두어야 함을 말한 것이고, 7장은 앞의 6장을 총괄한 것이며, 8장은 마음이 옮겨 가지 않을 수 없는 병폐를 말한 것이고, 9장은 일을 할 때 하나에 집중하지 못하는 병폐를 말한 것이다. 10장은 이 모두를 총괄하여 매듭지었다."라고 말하였다.

진덕수眞德秀는 "경의 뜻은 여기에서 더 설명할 것이 없게 되었으니, 성현됨의 학문에 뜻이 있는 사람이라면 마땅히 이것을 되풀이해서 익혀야 할 것이다."라고 말하였다.

이황의 설명

「경재잠」 제목 아래에 주자가 스스로 서문을 지어, "장경부張敬夫의 「주일잠主一箴」을 읽고 그가 남긴 뜻을 주워 모아 「경재잠」을 지어 서재의 벽에 써 붙이고 스스로를 경계한다."라고 하였고, 또 "이것은 경의 조목으로서 여러 가지 상황에 나아가서 말한 것이다."라고 하였습니다. 신은 생각건대 이 상황이라는 말이 공부를 하는 데에 좋은 근거가 될 것이라 생각했습니다. 그런데 금화金華 사람인 왕백王柏이 이 상황들을 배열하여 그림을 그렸는데 명백하고 잘 정리되어 모두 실천할 수 있음이 또한 이와 같습니다. 항상 일상생활을 하면서 보고 느끼는 사이에 몸소 음미하고 깨닫고 살펴서 얻음이 있다면, 경이 성현됨의 학문에 처음과 끝이 된다고 하는 것을 어찌 믿지 않겠습니까?

역해자의 설명

「경재잠도」 : 인간 마음의 상황적 수련

「경재잠도」는 주희가 지은 「경재잠」에 왕백이 그림을 그린 것이다. 앞서 언급한 대로 이황은 마음공부의 핵심을 경공부로 집약하고 있다. 이 경공부는 정신집중을 통해 주체성을 기르는 것으로 "내 마음의 중심이며 만사의 근본이다."라고 하여 앞서 살펴본 소학과 대학공부가 모두 여기에 일관되어 있음을 강조한다. 따라서 이 경공부의 구체적인 방법과 절목에 대해 주희와 이황은 다양한 말들을 동원하여 설명한다. 우선 주일무적主一無適, 즉 하나에 집중하여 옮겨 가지 않게 한다는 것이고 정제엄숙整齊嚴肅, 즉 몸가짐을 가지런히 하고 마음을 엄숙하게 하는 것이며 기심수렴불용일물其心收斂不容一物, 즉 마음을 수렴하여 그 마음 상태와 이질적인 것은 하나도 용납하지 않는다는 것이다. 또한 상성성常惺惺, 즉 항상 깨어 있게 한다는 것이며 계신공구戒愼恐懼, 즉 마음이 발동하기 전에 늘 삼가고 두려워하는 것이다. 이렇게 다양한 개념들을 포함하고 있는 경공부를 이황은 감정이 일어나기 전이든 후이든 모두 필요하다고 말한다. 좀 더 구체적으로 말하면 그는 감정이 일어나기 전에 하는 것이 더 효과적이라고 한다. 만약 감정이 일어나기 전에 마음공부가 독실하다면 비록 감정이 일어나도 어긋나지 않게 되고 설사 어긋나게 되더라도 이를 바로 잡는 데 주저하지 않게 된다고 보았다. 그러면서 이러한 경공부를 상황에 따라 실천하는 방법을 자세히 밝히고 있다. 결국 자신의 마음공부는 이러한 상황에 따른 실천을 통해 이루어짐을 새삼 확인할 수 있는 대목이다.

제10도 숙흥야매잠도夙興夜寐箴圖

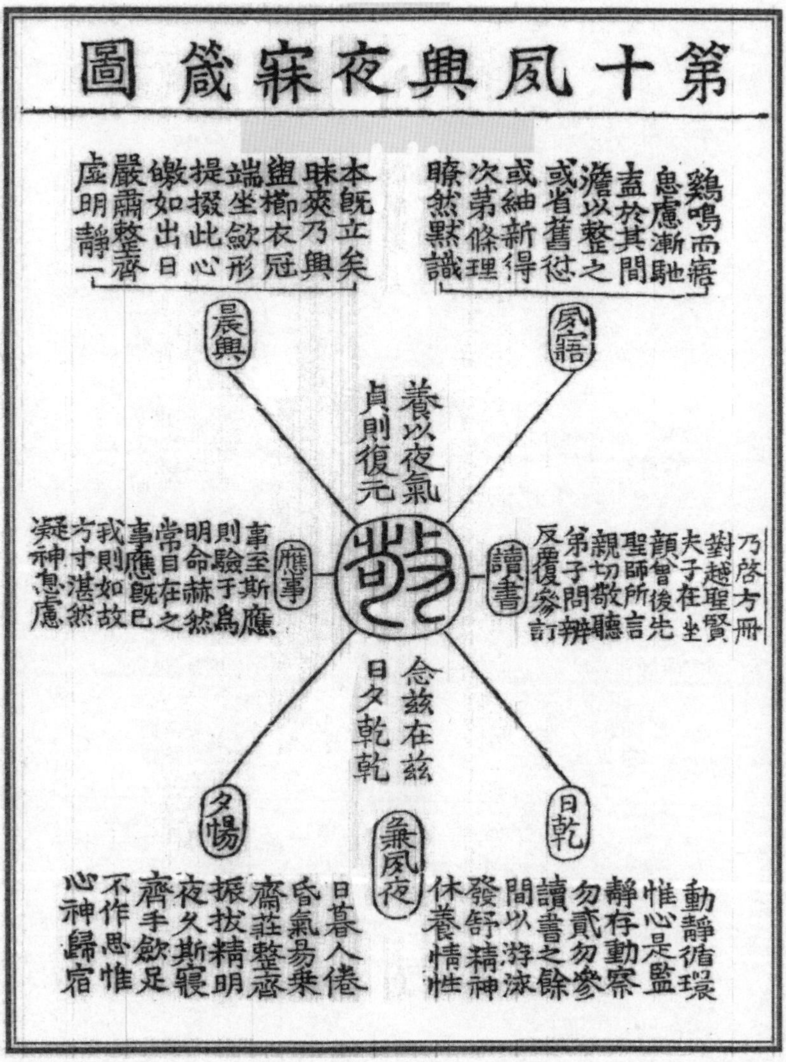

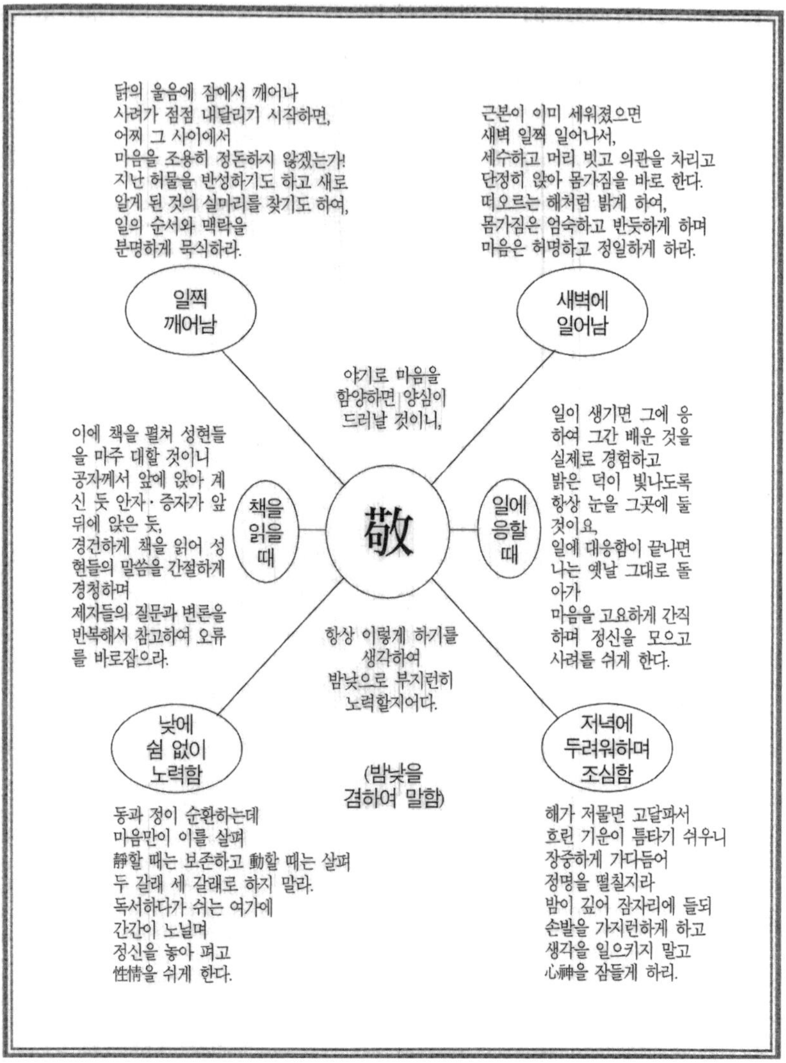
닭의 울음에 잠에서 깨어나
사려가 점점 내달리기 시작하면,
어찌 그 사이에서
마음을 조용히 정돈하지 않겠는가!
지난 허물을 반성하기도 하고 새로
알게 된 것의 실마리를 찾기도 하여,
일의 순서와 맥락을
분명하게 묵식하라.
근본이 이미 세워졌으면
새벽 일찍 일어나서,
세수하고 머리 빗고 의관을 차리고
단정히 앉아 몸가짐을 바로 한다.
떠오르는 해처럼 밝게 하여,
몸가짐은 엄숙하고 반듯하게 하며
마음은 허명하고 정일하게 하라.
일찍 깨어남
새벽에 일어남
야기로 마음을
함양하면 양심이
드러날 것이니,
이에 책을 펼쳐 성현들
을 마주 대할 것이니
공자께서 앞에 앉아 계
신 듯 안자·증자가 앞
뒤에 앉은 듯,
경건하게 책을 읽어 성
현들의 말씀을 간절하게
경청하며
제자들의 질문과 변론을
반복해서 참고하여 오류
를 바로잡으라.
책을 읽을 때
敬
일에 응할 때
일이 생기면 그에 응
하여 그간 배운 것을
실제로 경험하고
밝은 덕이 빛나도록
항상 눈을 그곳에 둘
것이요,
일에 대응함이 끝나면
나는 옛날 그대로 돌
아가
마음을 고요하게 간직
하며 정신을 모으고
사려를 쉬게 한다.
항상 이렇게 하기를
생각하여
밤낮으로 부지런히
노력할지어다.
낮에 쉼 없이 노력함
(밤낮을 겸하여 말함)
저녁에 두려워하며 조심함
동과 정이 순환하는데
마음만이 이를 살펴
靜할 때는 보존하고 動할 때는 살펴
두 갈래 세 갈래로 하지 말라.
독서하다가 쉬는 여가에
간간이 노닐며
정신을 놓아 펴고
性情을 쉬게 한다.
해가 저물면 고달파서
흐린 기운이 틈타기 쉬우니
장중하게 가다듬어
정명을 떨칠지라
밤이 깊어 잠자리에 들되
손발을 가지런하게 하고
생각을 일으키지 말고
心神을 잠들게 하리.

도설–진백이 지은 「숙흥야매잠夙興夜寐箴」

닭의 울음에 잠에서 깨어나면 생각이 차츰 일어나게 되니, 어찌 그 사이에 마음을 고요하게 정돈하지 않겠는가?

때로는 지난 허물을 반성하고 때로는 새로 얻은 것을 생각해 내어 절차와 조리를 분명하게 알아 두라.

근본이 이미 세워지면 새벽에 일찍 일어나서 세수하고 빗질하고 의관을 차리고 단정히 앉아 몸을 추스른다.

이 마음을 거두어들여 떠오르는 해처럼 밝게 하고, 몸을 엄숙하고 가지런하게 하며 마음을 텅비고 밝고 고요하며 전일하게 하라.

이에 책을 펴서 성현을 마주 대하면 공자께서 앞에 앉아 계신 듯 안자顔子와 증자曾子가 앞뒤에 서 있을 것이다.

성현의 말씀을 고분고분 공손히 듣고, 제자들의 질문과 변론을 반복해서 참고하여 바로잡아라.

일이 생기면 그에 응하여 행함으로써 증험할 수 있으니, 밝게 빛나는 하늘의 명을 항상 잘 살펴라.

일에 응함이 끝나면 곧 나는 예전 그대로 되니, 마음을 고요하게 간직하며 정신을 모으고 잡된 생각을 그치게 하라.

움직임과 고요함이 순환할 때 오직 마음으로 이를 살펴 고요할 때는 마음을 보존하고 움직일 때는 살펴 정신을 둘이나 셋으로 나누지 말라.

글을 읽다가 여가에 틈틈이 노닐며 정신을 편안하게 하고 성정을 휴양하라.

날이 저물면 피곤해져서 흐린 기운이 쉽게 올라오게 되니, 심신을 깨끗하고 장중하고 가지런하게 가다듬어 정명한 정신을 북돋을지어다.

밤이 깊어 잠자리에 들면 손발을 가지런히 거두고 생각을 일으키지 말아 심신心神을 잠들게 하라.

밤기운으로 마음을 함양하면 본래의 마음이 다시 드러날 것이니, 항상 이렇게 하기를 생각하여 밤낮으로 부지런히 노력할지어다.

이황의 설명

위의 잠箴은 진백陳柏이 지어서 스스로 경계를 삼은 것입니다. 왕백이 일찍이 태주台州의 상채서원上蔡書院에서 교수를 맡아 볼 때 오로지 이 잠으로써 가르침을 삼아 배우는 사람들로 하여금 외우고 실천하도록 하였습니다. 신이 이제 왕백의 「경재잠도敬齋箴圖」를 본떠서 이 그림을 만들어 그의 그림과 상대되게 하였습니다. 「경재잠」에는 여러 가지 공부하는 상황이 있으므로 그 상황에 따라 해야 할 공부를 배열하여 그림을 만들었고, 이 잠에서는 공부해야 할 여러 시점들이 있으므로 그 시점에 따라 배열하여 그림을 그렸습니다. 도는 일상생활에서 유행하여 어디를 가도 없는 곳이 없습니다. 그러므로 어느 한 자리라도 리가 없는 곳이 없으니 어느 곳에선들 공부를 그만둘 수 있겠는가? 또한 도는 잠시라도 정지됨이 없습니다. 그러므로 어느 순간도 리가 없는 때가 없으니 어느 때인들 공부를 하지 않겠습니까? 따라서 자사子思는 "도는 잠시라도 떠날 수 없다. 떠날 수 있다면 도가 아니다. 그러므로 군자는 보이지 않는 곳에서도 경계하고 삼가며, 들리지 않는 곳에서도 두려워하고 조심한다."라고 말하였고 또 "은밀한 곳보다 더 잘 드러나는 곳이 없고, 은미한 곳보다 더 잘 나타나는 곳이 없다. 그러므로 군자는 그 홀로 있을 때를 삼간다."라고 말하였습니다. 이것은 한 번 고요하고 한 번 움직이는 때에나 어느 곳 어느 때에서나 존양存養하고 성찰省察하여 번갈아 공부하는 방법입니다. 과연 이와 같이 할 수 있다면 어떤 상황에서라도 털끝만큼의 잘못이 없을 것이며, 어떤 때도 잃지 않아 잠시라도 끊어짐이 없게 될 것입니다. 두 가지를 함께 해 나간다면 성인이 되는 요체가 여기에 있지 않겠습니까?

* 이상 다섯 개의 그림은 심성心性에 근원한 것인데, 그 요점은 일상생활에서 힘써 공부하고 경외하는 마음을 높이는 데 있습니다.

역해자의 설명

「숙흥야매잠도」: 인간 마음의 시간적 수련

「숙흥야매잠도」는 남송 진백의 글에다 이황이 그림을 그린 것이다. 앞서 경공부가 무엇인지를 살폈다면 이 그림은 일상생활을 통해 아침부터 저녁까지 어떻게 경공부를 해야 하는지를 보다 자세히 설명하고 있다. 이황은 새벽과 낮을 각각 두 단계로 나누고 저녁을 세 단계로 나누어 설명한다.

우선 새벽의 두 단계는 숙오夙悟와 신흥晨興이다. 숙오는 일찍 잠에서 깨는 단계로 명상을 통해 지난 일을 돌이켜 보고 오늘 할 일을 점검하는 시간이다. 신흥은 새벽에 일어나는 단계로 의관을 정제하고 마음을 텅비고 밝게 하는 시간이다.

다음으로 낮의 두 단계는 독서讀書와 응사應事이다. 독서는 책을 읽는 단계로 책을 통해 성현을 만나는 시간이다. 응사는 일에 대응하는 단계로 일을 할 때 하늘의 명령을 살피는 것이다.

마지막으로 저녁의 세 단계는 일건日乾, 석척夕惕, 겸숙야兼夙夜이다. 일건은 낮이 다할 때까지 부지런히 노력하는 것으로 움직이거나 고요할 때 모두 마음을 살펴 보존하거나 흩어지지 않도록 해야 한다. 석척은 저녁에 두려워하며 조심하는 단계로 저녁이 되면 긴장이 풀려 몸과 마음이 병들 수 있으니 주의하라고 경고한다. 겸숙야는 낮부터 밤까지 정신과 기를 가다듬는 단계로 낮 동안의 번잡함이 사라진 후 차분하고 조용한 상태를 말한다.

이렇게 이황은 하루 동안 항상 경을 하는 자세를 잃지 말라고 당부한다. 물론 이것이 쉬운 게 아니다. 그렇기에 이황은 서두르지 않고 천천히 끊임없이 노력하는 자세로 이를 몸소 실천하려고 노력했다. 우리가 이황 앞에 '뛰어난' 또는 '위대한'이라는 수식어를 더하는 것은 바로 이러한 그의 모습에서 연유하는 것이다.

부록

1. 상세한 연보로 읽는 이황의 생애
2. 『성학십도』에 언급된 주요 인물
3. 『성학십도』에 나오는 성리학의 주요 개념

부록

상세한 연보로 읽는 이황의 생애

1501년(연산군 7년, 나이 1세) 이마 넓은 아이 이황 태어나다.

1501년 11월 25일, 경상북도 예안현 온계리(지금의 안동시 도산면 온혜리)에 한 아이가 태어났다. 그 아이의 성은 진성眞城 이씨李氏이며 이름은 황滉이었다. 어릴 때부터 유달리 이마가 넓었던 탓에 광상廣顙이라고 불렀으며 서홍瑞鴻이라고도 했다. 그의 아버지는 진사를 지낸 이식李埴이었으며 어머니는 후취로 들어온 춘천春川 박씨朴氏 부인이었다. 초취부인이었던 의성 김씨에 아들 둘과 딸 하나가 있었고 그녀가 아들 다섯을 두었으니 이황은 8남매의 막내가 되는 셈이다. 그가 태어난 온계리溫溪里는 궁벽한 시골이었지만 풍광이 아름답고 안온한 기운이 있는 곳이었다. 때는 무오사화戊午士禍(1498)가 일어난 지 3년이 되었고 4년 뒤에 갑자사화甲子士禍(1504)가 일어나는 사화의 시기라 세상의 풍파를 겪지 않기에 더 없이 좋은 곳이기도 했다. 그의 집은 조부 이계양李繼陽이 안동에서 이곳으로 와서 정착하여 지은 노송정老松亭이었다. 터가 좋았던지 어느 스님이 이곳에 살면 귀한 아들을 둘 것이라고 예언했다 하며 박씨는 이황이 태어날 때 공자가 대문 앞에 오시는 것을 보았다는 이야기가 전한다.

1502년(연산군 8년, 나이 2세) 아버지 이식 돌아가시다.

아버지 이식은 학문을 좋아하고 근면하였으며 대쪽 같은 성품이었다고 한다. 예조정랑을 지낸 장인 김한철金漢哲이 죽고 남은 책을 옛 학문을 공부하는 바탕으로 삼아 아우인 이우와 학업에 힘썼다. 그러나 과거에는 별다른 뜻이 없었다. 몇 차례에 과거시험을 봤으나 낙방하고 이황이 태어나던 39세 때야 진사가 되었다. 이때부터 그는 벼슬에 나가기보다는 후학을 가르치는 데 뜻을 두었다. 그러면서도 자식에 대한 기대는 컸던 모양이다. 그는 "나의 여러 자식들 가운데 나의 뜻을 따르고 나의 사업을 이을 수 있는 아이가 있다면 내가 비록 이루지 못하였어도 여한이 없겠다."라고 늘 말했다고 한다. 훗날 이해와 이황이 높은 벼슬에 올라 그 부친을 높이게 되었으니 그의 꿈이 이루어진 것이라고 하겠다.

1512년(중종 7년, 나이 12세) 숙부 이우에게서 『논어』를 배우다.

숙부 이우는 이황의 집안에서 가장 먼저 높은 관직에 있었던 인물이다. 이우는 연산군 때에 과거에 급제하여 이조 좌랑, 사헌부 장령 등을 역임했고 1506년 중종반정이 일어날 때 분의정국공신으로 청해군에 봉해졌다. 그 이후 진주 목사로 외직에 나갔다 다시 서울로 돌아와 형조참판 등을 지냈다. 다시 강원도 관찰사 등 외직에 있다 노모를 봉양하기 위해 1512년 고향으로 돌아왔다. 1515년에 안동 부사로 다시 벼슬길에 나아갔으나 2년 뒤인 1517년 49세의 나이로 생을 마감했다. 이우는 형이식이 죽은 후 그 아들들을 친자식처럼 돌보고 가르쳤다. 이해와 이황은 그런 숙부에게 어릴 때부터 수학했다. 이때 이황은 숙부에게서 『논어』를 배웠다고 한다. 숙부의 가르침은 매우 엄격하여 한 치의 흐트러짐도 용납하지 않았다. 당연히 칭찬에도 인색했던 편이었으나 두 조카에게만은 유독 칭찬을 아끼지 않았다고 한다. 늘 "죽은 형은 이 두 아들을 두었으니 죽은 것이 아니다."라고 하였으며 특히 이황을 보고 "우리 가문을 지탱해 줄 사람은 반드시 이 아이일 것이다."라고 한 것을 보면 그에게 거는 기대가 어떠하였는지를 알 수 있다. 이황은 이때에 숙부의 가르침이 자신이 늘 학문을 게을리 하지 않게 된 이유가 되었다고 한다.

그리고 "이렇게 배워 나가기를 오래 하니 차츰 처음 배울 때와는 달라졌다. 읽기를 3권, 4권에 이르자 간간이 스스로 환하게 이해되는 곳이 있었다.", "'제자가 집에 들어와서는 효도하고 밖에 나가서는 공손해야 한다.'는 대목은 '사람의 자식된 도리는 마땅히 이와 같아야 한다.'라고 했다."는 등의 언급들은 모두 그때의 공부 자세를 짐작할 수 있는 부분이다. 이때부터 그는 확실히 자신을 성찰하여 성품을 함양하는, 이른바 인격 형성에 중요한 공부爲己之學를 하고 있었던 것이다.

1518년(중종 13년, 나이 18세) 안동 향교에 나아가 배우다.

이러한 숙부의 가르침은 16세 때까지는 간헐적이나마 이어졌던 것으로 보인다. 15세 때 숙부를 따라 청량산에 가거나 안동부사로 있던 숙부를 따라 안동에 가서 학업을 계속했고 16세 때는 안동의 봉정사에서 글을 읽었다는 기록이 보인다. 그러나 그 이후로는 거의 독학이었던 듯하다. 여기서 이황과 깊은 인연이 있는 청량산을 얘기하지 않을 수 없다. 그는 이때부터 청량산을 매우 사랑한 듯하다. 그 이후에도 여러 차례 청량산에 머무르기도 하면서 자신이 강학할 곳으로 여기를 염두에 두기도 했고 주세붕周世鵬의 「청량산록淸涼山錄」에 발문을 쓰면서 청량산을 '우리 집안의 산吾家山'이라고 할 정도였다.

한편 그는 18세 때부터 안동 향교에 가서 배우기 시작했다. 당시 안동부사는 이현보李賢輔였는데 그는 향교에 훌륭한 인재를 모아 학풍을 일으키는 데 힘썼다. 이황도 그 무리의 한 명이었다. 그는 이미 17세 때부터 아버지로부터 물려받은 많은 책을 독학하면서 도학에 뜻을 두고 전념을 다하였는데, 그 노력이 얼마나 컸던지 병까지 들 정도였다고 한다. 그는 그때의 기억을 다음과 같이 회상한다.

"내 나이 17,8세 무렵에 고을에는 선배가 없어 학문을 따로 물을 곳이 없었다. 다만 옛 글을 읽고서 진실한 마음을 구하고, 방자함이 있으면 마음을 간직하여 지켰다. 때로 한밤 중에 자리에서 일어나 무릎을 꿇고 앉아서 마음을 붙잡아 간직하였다. 날마다 이렇게 하여 마음과 힘을 극도로 쓰자 도리어 마음의 병이 생겨 거의 실성하는 데 이르렀다. 여러 가지로 조리하고 치료하느라 한창 나이에 전혀 강론과 독서를 하지 못했다. 노쇠함에 이르러서야 성인의 도리가 분명함을 알게 되어 겨우 노년의 모양을 수습하였으나 여전히 한결같이 노력할 수가 없다."

이황은 뚜렷한 스승 없이 숙부에게서, 그리고 향교에 나아가 배운 것이 전부였다. 그렇기에 체계적인 공부 방법과 순서를 알 리 없었다. 수많은 시행착오를 하리란 것은 예견된 것이며 그 과정에서 그는 정신적으로 육체적으로 힘든 시기를 겪었음을 알 수 있다. 따라서 그는 학문에 익숙히 한 것이며 오직 자신의 끊임없는 노력으로 하나씩 학문의 즐거움을 알아가는 인물이었던 것이다.

1519년(중종 14년, 나이 19세) 문과별시 초시에 응시하다.

그러한 수학기를 보낸 이황은 1519년 봄 서울로 가서 과거 시험에 응시한다. 당시 과거제도는 소과小科와 대과大科가 있고 임시로 보는 별시別試가 있었다. 소과에는 다시 생원生員과 진사進士의 구분이 있고 여기에 초시初試와 복시覆試가 각각 있었다. 이것을 모두 통과하면 성균관에 나아가 수학할 수 있고 일정 기간을 거쳐 대과에 초시, 복시, 전시殿試에 응하면 벼슬길에 나아가게 되었다. 이황은 바로 문과 별시 중 초시에 응시한 것이다. 이후 1527년 경상도 향시의 진사시에 생원에 2위로, 1528년 진사 회시에 2위로 합격한다. 그리고 1532년 문과별시의 초시에 2위로 합격한 후 1534년 마침내 문과에 급제한다. 비록 이른 것은 아니었지만 이때부터 수많은 관직을 역임하게 된다.

한편 이때는 바로 기묘사화가 일어나 조광조를 비롯한 수많은 선비들이 죽음으로 내몰리게 되었다. 이황은 이러한 상황을 보면서 "정암은 타고난 자질이 비록 아름다웠으나 학문에 충실하지 못하여 시행한 것에 지나침이 있었기 때문에 마침내 일에 실패하고 말았다. 만일 학문에 충실하고 덕기가 이루어진 뒤에 세상에 나가서 세상일을 담당하였더라면 그 이룬 바를 쉽게 헤아릴 수 없었을 것이다."라고 하여 조광조가 비록 탁월한 이상과 방향은 극진하였지만 학문적 역량이 미숙한 채로 급히 시행하려고 하는 성급함이 결국 화를 불러왔다고 보았다. 사림의 굳건한 토대는 그러한 성급함으로 이루어질 수 없다고 여겼던 것이다.

그리고 이 해에 그는 숙부로부터 『성리대전性理大全』 두 권을 빌려와 처음 읽었다고 한다. 이때의 감회를 "나도 모르게 마음이 기쁘고 눈이 열렸다. 연구함이 익숙해지고 오래되니 차츰 의미를 알게 되어 그 문과 길을 얻은 듯했다."라고 했다. 특히 주돈이의 「태극도설」을 도학에 들어가는 문이라 하여 매우 중요시 했는데 그가 뒷날 제자들을 가르치면서 "내가 사람들을 가르칠 때 간혹 태극도설로 우선하는 것은 나 자신이 젊었을 때 이것으로 말미암아 도학에 들어갔기 때문이다."라고 말한 것은 이때의 기억에서 연유한다.

1521년(중종 16년, 나이 21세) 첫 장가를 가다.

이러한 학구열은 20세 때 소백산에 『주역周易』을 연구하면서 식음을 전폐했다는 것에서 알 수 있듯이 계속되어 병이 더욱 심해질 정도였다고 한다. 21세 되던 1521년에 진사를 지냈던 김해金海 허씨許氏 허찬許瓚의 딸을 아내로 맞이한다. 이 부인 사이에 아들 둘과 딸 하나를 두었다. 부인은 1527년 11월 둘째 아들을 낳고 한 달만에 세상을 떠났고 그 아들마저 22세로 일찍 죽었다. 첫 아들 이준李寯은 봉화 현감을 했고 금재의 딸에게 장가들어 아들 셋을 낳았는데 큰 아들인 이안도李安道(몽재蒙齋,

1541~1584)가 사온직장司醞直長의 벼슬에 올랐다.

1523년(중종 18년, 나이 23세) 태학에서 수학하고 이때 『심경』을 읽다.

이황이 태학에 수학한 것은 두 번인데 이때가 처음이었다. 성균관成均館에는 상재上齋와 하재下齋가 있었는데 상재가 소과에 합격한 생원과 진사가 머물렀고 하재는 유생들이 거처하던 곳이었다. 이황은 당시 하재에 머물러 있었는데 기묘사화가 일어난 지 얼마 되지 않은 때라 분위기가 어수선할 때였다. 유생들은 세상 물정에는 아랑곳 하지 않고 꿋꿋이 학문에만 전념하는 이황을 보고 비웃자 거기에 항변 한 마디 못하고 두 달 만에 그만둔다.

이때에 중요한 일로는 그가 황 아무개로부터 진덕수가 편찬한 『심경』을 빌려 처음 읽었던 사실을 밝히고 있다. 이황은 이후에 "내가 『심경』을 얻어 보고 나서 비로소 심학의 근원과 심법의 정밀함을 알게 되었다. 그러므로 나는 평생에 이 책을 신명처럼 믿었고 이 책을 엄한 아버지처럼 공경하였다."라고 하여 『심경』을 매우 중요한 공부로 여겼다. 후에 이를 주석한 『심경부주』는 제자들이 그 편자인 정민정의 불미스런 일로 이의를 제기하여 논란거리가 된다.

1529년(중종 24년, 나이 29세) 두 번째 장가를 가다.

이황은 허씨 부인을 잃고 그의 나이 29세 때 안동安東 권씨權氏 권질權礩(사락정四樂亭, 1483~1545)의 딸을 후취로 들였다. 처조부였던 권주權柱(화산花山, 1457~1505)는 예조참판으로 갑자사화에 죽었고 권질 또한 이때 거제도로 유배되었다가 중종반정으로 풀려났다. 그 권질의 아우인 권전權碩은 홍문관 수찬으로 기묘사화에 파직되고 신사무옥 때 죽임을 당했다. 이때 권질 또한 예안으로 유배되었다. 권씨 부인은 이러한 집안 분위기로 인해 정신이 온전하지 못해 이황에게는 큰 고민거리였지만 장인에 대한 존경심만은 매우 컸던 것으로 알려져 있다. 부인은 1547년 7월에 세상을 떠났다.

1533년(중종 28년, 나이 33세) 태학에 유학하다.

이때에 그는 또 태학에 유학한다. 분위기는 저번과 다르지 않았고 모두들 과거시험 공부에 여념이 없었다. 그 또한 이러한 뜻이 아예 없지는 않았다. 그럼에도 그는 무엇보다 도학의 근본정신에 대한 탐구가 더욱 절실했다. 이러한 이황의 모습에 태학의 선비들은 모두 존경하며 따랐다고 하며 그를 안자로 일컫기도 했다고 한다. 이때 태학에 함께 공부했던 인물로는 김인후金麟厚(하서河西, 1510~1560)가 있었다. 김인후는 이황보다 9살 아래였지만 학문을 강론하며 서로의 부족한 부분을 채워주는 좋은 친구가 되었다고 한다. 그는 오래 머물러 있지 않고 고향으로 돌아온다.

1534년(중종 29년, 나이 34세) 문과에 급제하고 승문원 권지부정자로 벼슬길을 시작하다.

드디어 1534년 이황은 문과에 급제하여 벼슬길에 나아간다. 처음 맡은 직책이 승문원 권지부정자와 예문관 검열을 겸직하는 것이었고 이어 승문원 정자, 승문원 저작을 거쳐 승문원 박사에 오른다.

1537년(중종 32세, 나이 37세) 모친상을 당하다.

1537년 10월 모친 박씨 부인이 세상을 떠났다. 박씨 부인은 이황이 태어난 지 7개월만에 남편을 여의고 그 빈자리까지 채우며 여러 어린 자식들을 양육해야 했다. 아녀자로서 가문을 유지하면서 자식의 교육에 힘쓴다는 것은 여간 어려운 일이 아니었다. 그럼에도 꿋꿋하게 자식에게 "세상 사람들은 으레 과부의 자식이라 배우지 못했다고 욕하는데 너희들은 백배 더 노력하지 않는다면 어떻게 이런 꾸짖음을 면할 수 있겠느냐?"라고 말하며 학문에 열중할 것과 몸가짐에 삼갈 것을 늘 강조했다고 한다. 이러한 어머님의 가르침을 이황 또한 가슴 깊이 간직했을 것이다. 그리고 어머니는 이황에게 "너는 학업이 이미 이루어졌으니 과거급제를 근심할 것이 없다. 다만 네 성품이 사람들과 다르니 벼슬은 한 고을 현감에 이르면 되겠다."라고 말하는 것으로 보아 그의 인품이 세상에 부딪혀 살아가기에 어려울 것임을 이미 알고 있었던 것으로 보인다. 이후 벼슬길에 나아가 높은 관직에 이르러도 기뻐하지 않고 세상의 환난에 휩쓸릴까 걱정했다고 한다. 이러한 어머니의 마음을 너무도 잘 알았던 이황은 늘 한발 물러나 있거나 일말의 빌미를 주지 않으려는 신중한 태도를 자주 보이곤 했다. 그러다 보니 너무 지나친 신중함과 물러남이 오해를 삼기도 한다. 당시 동년배였던 조식에게는 그런 그의 모습이 탐탁할 리 없었다. 그는 이황의 이러한 모습에 자주 비판하곤 했는데 『언행록』에는 다음과 같은 기록이 전한다.

> "도산정사 아래 어량이 있었다. 관청에서 엄하게 금지하여 개인의 자격으로 물고기를 잡을 수 없었다. 선생은 매년 여름마다 시냇가의 집에 머물렀지만 한 번도 이곳에 가신 일이 없었다. 이것은 오해를 피하기 위함이었다. 남명이 이 사실을 듣고 웃으며 '너무 지나치게 쩨쩨하다.'라고 하였다. 선생은 '남명이라면 그렇게 하는 것이 옳겠지만 나는 이렇게 하는 것이 옳다. 능력이 모자라는 나로서 능력이 있는 유하혜를 배우는 것이 마땅하지 않겠느냐'라고 말씀하셨다."

1543년(중종 38년, 나이 43세) 『주자전서』의 교감을 주관하다.

이황은 모친상 중에도 독서를 게을리 하지 않아 1538년 『무술일과戊戌日課』라는 독서록을 지었고 이듬해 탈상과 함께 홍문관 수찬의 벼슬이 내려졌다. 1540년에서 1542년까지 주로 홍문관과 어사의 관직을 두루 거쳤고 1543년 병으로 사직을 청했으나 받아들여지기는커녕 종친부 전첨, 성균관 사예, 사간원 사간 등 연이어 벼슬이 내려졌다. 그는 휴가를 얻어 고향으로 돌아와 성묘를 하는가 하며 예빈시 부정에 임명되었지만 부임하지 않는다.

그러다 11월 중종은 『주자전서』의 출간을 지시했는데 그는 출간에 앞서 교정을 청한 것이 받아들여져 교감하는 것을 주관했다고 한다. 이황은 이때 처음으로 『주자전서』를 접했다고 한다. 이를 고향에 돌아올 때 가지고 와 두문불출했다. 그만큼 주자학에 심취했던 것으로 보인다. 이를 걱정한 사람들에게 그는 "이 글을 연구하면 가슴 속에서 문득 시원한 기운이 생기는 것을 깨닫게 되어 저절로 더위를 모르게 되는데, 무슨 병이 생기겠는가?"라고 말했다고 한다. 아마 그때 주자학에 대한 탐구는 자신의 학문 형성에 중요한 자양분이 되었을 것이다. 그래서 그는 "일찍이 이 책을 얻고 나서 여러 해 동안 침잠하여 연구하면서 굽어보며 읽고 쳐다보며 생각하느라 먹고 자는 것도 잊었다. 이에 환하게 깨우치고 시원하게 행하게 되니, 평생에 힘을 얻은 자리가 이 책에 많이 있었다."라고 말했던 것이다.

1546년(명종 1년, 나이 46세) 양진암을 짓고 자호를 퇴계로 삼다.

1544년 11월 중종이 승하하고 인종이 즉위하나 일 년도 채 안 된 1545년 7월에 승하하고 명종이 즉위한다. 그리고 을사사화가 일어난다. 이황은 여전히 벼슬을 내리면 병으로 사직하기를 반복하다 10월에 이기李芑로 인해 관직이 삭탈되나 곧 복귀했다. 1546년 2월에 고향에 내려가 병으로 인해 조정에 돌아가지 못하자 해직된다. 그는 고향에 머물면서 그해 8월에 건지산搴芝山 기슭 시냇가 동쪽 바위 곁에 양진암養眞菴을 지었다. 그는 산과 물로 둘러싸인 이곳에서 심신을 수양하였는데 이때 양진암 앞을 지나는 토계兎溪를 퇴계退溪로 고쳐 자호로 삼았다. 이때의 마음을 한편의 시에 담았다.

동편 높은 산기슭에 새로 집을 지으니
눕고 선 바위들이 모두 그윽하네.
뿌연 안개 어둑한 노을 속에서 늙어가고
시냇물 빙 둘러 들판으로 흘러가는 구나.
만권 책 속에 생애를 기꺼이 의탁하니
쟁기질 하는 이 마음 무엇을 구하리오.

이때 그는 아마도 고향으로 돌아와 학문에 전념하면서 후학을 양성할 마음을 먹었던 것으로 보인다. 이듬해 안동부사에 임명되나 나아가지 않고 잠시 조정에 돌아갔지만 이내 병으로 사직한다. 이때에 고향에 머물면서 주자서와 『심경부주』에 심취했다고 한다.

1548년(명종 3년, 나이 48세) 둘째 아들이 죽고 단양군수로 부임했다 다시 풍기군수로 옮기다.

이 해 1월에 외직을 요청하여 단양군수로 부임하게 된다. 이때부터 그는 벼슬길에 나아가기보다는 고향으로 돌아갈 생각을 하고 있었던 듯하다. 그 생각으로 그는 외직을 여러 차례 청했고 그것이 이제야 받아들여졌던 것이다. 그는 목민관으로서 무엇보다 백성을 구휼하는 데 온 힘을 썼다. 당시 가뭄이 심했던 터라 흉년이 들어 백성들의 생활은 먹고 입는 기본적인 것이 해결되지 않는 상황이었다. 그때 쓴 시가 이러한 상황을 잘 말해 준다.

깃발 흔들며 나간 수령 일처리 어설퍼 부끄럽고
곤궁한 백성 봄 맞으니 마음 속 절로 걱정되네.

열 집 작은 고을도 흉년을 견디기 어려운데
예악의 교화로 풍속을 어찌 바꿔보랴.

11월에는 풍기군수로 자리를 옮긴다. 형 이해가 충청감사로 부임하자 자신이 풍기군수로 자리를 옮겼다. 이곳을 다스리는 이황의 모습 또한 단양에서와 다를 것이 없었다. 마치 부모가 자식을 대하듯이 목민관의 자세를 잃지 않았다.

1549년(명종 4년, 나이 49세) 백운동서원의 편액과 서적을 청하다.

이때에 두드러진 일은 바로 서원의 학풍을 세우는 것이었다. 서원은 관학과는 다른 사학의 전형이었으며 "선현을 존숭하고 선비를 배양하며 인재 기르기를 즐거워하는" 이른바 사림의 학풍을 세우는 데 무엇보다 중요한 곳이었다. 그는 주세붕이 세운 백운동서원을 경상도 관찰사에게 편액과 서적을 내려줄 것을 청원하였다. 그 결과 나라에서 소수서원紹修書院이라는 편액을 내려 최초의 사액서원이 되었다. 이로부터 그는 서원 운동을 지속적으로 전개해 나간다.

1550년(명종 5년, 나이 50세) 한서암을 지었으며 넷째 형 이해가 죽다.

풍기군수로 있으면서 계속 사직을 청하였지만 받아들여지지 않았다. 하는 수 없이 군수 직책을 버리고 고향으로 돌아왔는데 이것이 빌미가 되어 파직되었다. 그는 이미 벼슬에 미련이 없었던 만큼 고향에 돌아와 상계上溪 서쪽 청하동에 한서암寒栖菴을 지었다. 지난 번에 이어 몇 차례 집을 옮긴 것으로 보아 그가 강학을 할 수 있는 최적의 장소를 살피고 있었던 듯하다. 그는 이곳에도 한동안 자연을 벗하며 마음의 안정을 찾았음을 다음 시에서 알 수 있다.

물러나 분수대로 편안하나
학문이 퇴보하여 늙음이 근심이라
비로소 시내 위에 살 곳 정하니
물가에 와서 날로 반성하네.

그러나 이러한 편안한 시절은 오래가지 못했다. 이때는 문정왕후의 수렴청정으로 외척세력에 의해 정치가 좌우되었고 을사사화의 기운은 쉽게 가라앉지 않았다. 당시 한성부 우윤이었던 형 이해는 이전 사헌부에 있을 때 이기를 정승으로 합당하지 않다고 고하였고 그 일로 이기의 원한을 사서 그 심복인 이무강李無彊의 무고로 죄를 입어 양주로 귀양 가는 길에 죽었다. 이황에게는 가장 믿었던 형의 죽음이었던 만큼 의지처를 잃은 고통이 그 누구보다도 컸을 것이다.

1552년(명종 7년, 나이 52세) 성균관 대사성과 상호군에 봉해지다.

2년 남짓의 고향 생활은 4월 홍문관 교리의 부름으로 끝났다. 그는 경연에서 임금에게 성군의 자세를 끊임없이 강조하였다. 이어 6월 홍문관 부응교를 거쳐 7월에 성균관 대사성에 오르게 된다. 그러나 이번에도 사직을 청하였으나 받아들여지지 않는다. 11월에 다시 병으로 사임을 청하자 상호군에 임명된다.

1553년(명종 8년, 나이 53세) 정지운의 「천명도」를 개작하고 「연평답문후어」를 짓다.

이황은 거듭 사직을 청했으나 받아들여지지 않고 충무위忠武衛 상호군上護軍에 임명된다. 이 해 10월 정지운鄭之雲(추만秋巒, 1509~1561)이 아우의 가르침을 위해 지은 『천명도』를 수정해 줄 것을 청하자 이를 받아들여 개작하게 된다. 이때 둘은 천명도와 천명도설, 그리고 이후 이황이 「천명도설후서」를 써서 정지운에게 준다. 그러나 이것이 여러 사람들에게 알려지고 논란의 불씨가 되면서 이후 기대승과 8년간 왕복편지를 통해 사단칠정의 문제를 논하게 된다. 이황은 이 논변으로 인해 자신의 학설을 정립하는 데 좋은 계기가 되었다. 그리고 이 해 11월에는 주희와 그 스승이었던 이동李侗간의 문답을 읽고 「연평답문후어」를 쓰게 되는데 그가 심학에 대한 공부가 진척되면서 관심의 폭이 더욱 넓어졌음을 알 수 있다. 그리고 이 이동의 학문에서 중요한 미발심체未發心體 즉 감정이 일어나기 전 마음의 본체에 대한 문제는 그의 심학에도 많은 영향을 주었다.

1555년(명종 10년, 나이 55세) 『역학계몽』을 연구하였으며 「천명도설」을 다시 정리하다.

이황은 1554년 11월 첨지중추부사에 임명되고 이듬해 2월 왕명으로 『역학계몽』을 연구한다. 그러나 이내 병으로 사직하고 고향으로 돌아온다. 그리고 지난번에 수정한 「천명도」를 다시 수정한다. 이것이 이황의 저서에 「천명구도」로 수록되어 있다. 여기서 그는 태극도와 천명도의 엄격한 구분을 통해 천명이 인간이 부여받은 인격적 가치를 실현하는 길을 찾는 것임을 강조한다. 따라서 천명도설은 이황의 50대 철학체계를 집약해 놓은 것이라고 할 수 있다.

1556년(명종 11년, 나이 56세) 『주자서절요』를 완성하고 향약을 초안하다.

5월 홍문관 부제학과 6월 첨지중추부사에 임명되나 병으로 나아가지 못한다. 이때 그는 『주자서절요』를 완성한다. 『주자대전』에 있는 주희의 편지 가운데 주로 그의 인간됨과 학문관에 대한 내용을 가려 뽑았다. 그는 서문에서 "주자의 전체 저술에 나아가 본다면 대지가 짊어진 것이나 바다가 품고 있는 것과 같아서 비록 없는 것이 없지만 그 요령을 얻기가 어렵다. 이에 비해 편지에 이르러 보면, 각각 그 사람의 재주가 높은지 낮은지, 학문이 옅은지 깊은지에 따라 병의 증세를 살펴서 약을 쓰는 것이며 물건에 상응하여 연마하는 것 같아서 혹은 누르고 혹은 들어 올리며 혹은 인도하고 혹은 구출하며 혹은 격려하여 나아가게 하고 혹은 물리쳐 경계하게 한다."라고 하여 편지글을 중요시하여 뽑은 이유를 설명한다. 또한 "그 권유하고 타일러 줌이 남과 나의 구별을 두지 않으므로 사람에게 일러주는 말이 그 사람으로 하여금 감동하고 분발하여 떨치고 일어나도록 해준다. 이것은 당시의 제자들에게만 그런 것이 아니라 백세의 뒤에 있어서도 그 가르침을 듣는 자는 귀를 끌어당기며 얼굴을 맞대고 일러주는 것과 다름이 없다."라고 하여 그 생생한 목소리를 들음으로써 교육의 효과가 어떠한지를 말하고 있다.

그리고 12월에 그는 향약의 초안을 작성한다. 그는 평소 서원 운동과 함께 가장 역점을 둔 것이 향촌 풍속을 바로 잡는 일이었다. 그 시작은 바로 향약을 제정하여 이를 향촌 공동체에서 실행하는 일이다. 예안향약 28조는 그렇게 해서 만들어진 것이다. 일반적으로 향약의 기원은 송나라 때 남전여씨향약인데 주자가 이를 보완한 증손여씨향약을 만들었다. 이황이 제정한 28조는 주로 허물을 바로잡는 것에 한정되어 있다. 즉 학교교육에서 실행되는 덕행을 권장하는 것에 보완하는 기능이었다. 그러나 이것이 집회에서 좌석의 순서를 정하는 향좌鄕坐 문제로 제대로 실행되지 못했다.

1557년(명종 12년, 나이 57세) 도산 남쪽에 서당 자리를 마련하고 『계몽전의』를 완성하다.

51세 때 한서암을 철거하고 시내 북쪽에 계상서당을 지어 강학했다. 그러나 너무 좁았던지 이 해에 서당을 옮길 자리를 찾아다니기 시작했다. 당시 금응훈琴應壎 등의 제자들이 도산陶山에 자리를 보아 거듭 청하자 허락하였다. 도산은 "앞으로 강가를 굽어 그윽하고 고요하며 멀리 터져 있을 뿐더러 바위와 숲은 고요하고 빽빽하며 돌샘이 달고 차가워" 수양할 곳으로는 안성맞춤이었다. 이때의 기쁨을 그는 다음 시로 읊었다.

비바람 치는 계당 책상조차 못 가릴 때
좋은 곳에 옮겨 보려 숲 속 두루 찾았네.
어찌 알았으랴 백년토록 학문할 땅이
나물 캐고 고기 낚던 그 곁에 있을 줄을
꽃은 나를 맞아 웃으니 정이 깊고
벗 찾는 새소리는 그 뜻이 더욱 길도다.
뜰을 옮겨 와서 깃들기를 다짐하니
기쁠 때 꽃다움을 뉘와 함께 찾으리오.

1558년(명종 13년, 나이 58세) 『자성록』을 편찬하고 기대승을 처음 만나다.

5월 이황은 제자와 후학들에게 보낸 편지 22편을 골라 『자성록』을 편찬한다. 그가 주희의 편지를 학문하는 데 매우 중요한 자료로 삼았던 것처럼 자신도 편지를 통해 스스로를 반성하고 제자들에게는 학문의 길을 제시하고 싶었던 것이다. 그래서 그는 서문에서 "옛 사람이 가볍게 말하지 않는 것은 몸이 따르지 못함을 부끄러워해서였다는 공자의 말씀을 되새기면서 이제 벗들과 학문을 강론하며 편지를 주고받으면서 말을 하는 것은 부득이하지만 이미 스스로 그 부끄러움을 견딜 수 없다. 하물며 이미 말한 뒤로 상대방은 잊지 않았는데 내가 잊은 것이 있고, 상대방과 내가 함께 잊어버린 것도 있으니 이것은 부끄러울 뿐 아니라 거의 거리낌이 없는 것이라 매우 두려운 일이다."라고 하여 끊임없이 자신을 성찰하고 가벼운 물음에도 진지하게 고민하고 올바른 답을 찾고자 노력하는 자세가 학문하는 사람에게 가장 중요한 것임을 강조하고 있는 것이다.

10월에 이황은 성균관 대사성이 되었고 때마침 급제한 기대승奇大升이

찾아와 처음으로 만나게 된다.

1559년(명종 14년, 나이 59세) 「이산서원기」를 짓고 『고경중마방』을 편찬하였으며 기대승에게 사단칠정을 논변한 편지를 보내 사단칠정논변이 시작되다.

2월에 이황은 휴가를 받아 고향에 내려와 병으로 다시 조정에 나아가지 못한다. 이황은 49세 때 이후로 서원건립운동을 적극적으로 주장했다. 그가 직접 서원건립운동에 나서 세운 것이 바로 영천의 이산서원으로 이때 그는 직접 편액을 쓰고 「이산서원기伊山書院記」를 지었다. 여기에는 서원 규약 12조목을 제정했는데 이것은 이후 성주의 영봉서원迎鳳書院(후에 천곡서원川谷書院으로 개명), 대구의 연경서원研經書院, 예안의 역동서원易東書院의 서원기를 작성하는 데 기준이 되었다. 이때 심성수양에 도움이 되는 여러 선현들의 잠箴과 명銘 등 81편을 모아 『고경중마방』을 편찬했다.

그리고 11월 이미 고향으로 돌아온 후였으나 학자들 사이에 「천명도설」에 대해 논란이 되고 있음을 들어 기대승에게 편지를 보내 사단칠정에 대한 자신의 입장을 간략히 밝혔다. 이에 대해 기대승이 반론의 편지를 보내면서 사단칠정논변이 시작되었다.

1561년(명종 16년, 나이 61세) 도산서당이 완성되어 「도산기」를 짓다.

가을 도산서당이 완성된다. 그 기쁨을 「도산기」에 담았는데 거기에 그는 "아! 내가 불행히도 서울에서 멀리 떨어진 외진 곳에서 태어나 늙도록 들은 것은 없으나 산림에 돌아보니 일찍이 즐길 만한 것이 있다는 것을 알았다. 중년에 망령되게도 세상에 나가 먼지바람에 넘어지고 나그네로 떠돌다가 되돌아오지 못하고 죽을 뻔하였다. 그 뒤에 나이가 들어 늙고 병은 더욱 심하며 가다가 넘어지니 세상이 나를 버리지 않았으나 내가 세상에서 버림을 받지 않을 수 없었다. 이에 비로소 나를 묶고 있는 것에서 몸을 빼어 시골 밭이랑에 몸을 던지니 전에 말한 산림의 즐거움이 기약도 없이 내 앞에 다가왔다. 그러니 내가 이제 쌓인 병을 사라지게 하고 남모르게 간직한 근심을 트이게 하며 가난한 늙은이가 편안히 지내려고 한다면 이곳을 버리고 어디를 구하겠는가?"라고 하였다.

1564년(명종 19년, 나이 64세) 조광조의 행장을 쓰고 「심무체용변」을 짓다.

도산서당이 완성된 후 그는 강학활동에 더욱 힘을 쓴다. 1562년 『이락연원록』과 『전도수언』에 발문을 썼으며 1564년에 「무이구곡도발」과 「주문공서식강도처첩발」을 지었다. 그리고 이 해 9월에 조광조의 행장을 쓰는 데 그의 공과를 엄격히 구분하여 서술했다. 한편 그는 이구의 「심무체용설心無體用說」에 대한 변辨을 짓는다. 이구는 마음이 오행에서 불에 해당하며 불에는 일정한 형태나 바탕으로 본체를 삼을 수 있는 것이 없다고 하여 마음에는 본체와 작용이 없음을 주장하였다. 이에 이황은 이러한 이구의 주장이 서경덕의 기철학적 입장에 연유한 것임을 비판하여 본체와 작용의 양면을 통합하여 마음이라고 한다고 주장하였다.

1565년(명종 20년, 나이 65세) 「도산십이곡발」을 짓다.

이황은 많은 한시를 남겨 자신의 감흥을 표현했다. 그러나 이것은 읊조릴 수는 있어도 노래 부를 수는 없다고 하여 인간의 감정을 절실히 드러낼 수 있는 우리말 시가가 필요하다고 보았다. 물론 이것이 단순히 노래 부르기 위한 것은 아니었고 아이들로 하여금 계속 노래 부르게 하여 가슴 속의 감동이 일어나 부르는 자와 듣는 자 모두 이롭게 하는 교화의 의미도 있었다. 그런 점에서 그가 49세 때 이현보의 어부가에 조언을 하고 발문을 지은 것은 우연이 아니다. 3월 그는 도산에 대한 열 두 곡의 노래를 짓고 거기에 발문을 붙였다. 그 발문에는 "한가하게 지내며 병을 요양하는 여기에 무릇 감정이나 성품에 느끼는 바가 있으면 언제나 시에서 펼쳐왔다. 그러나 오늘의 시는 예전의 시와 다르니 읊을 수는 있어도 노래할 수는 없다. 만약 노래하려고 한다면 반드시 상스러운 세속의 말을 가져다 엮어야 한다. 대개 우리나라의 풍속과 소리의 마디는 그렇게 하지 않을 수 없는 것이다. 그래서 일찍이 이별의 「육가六歌」를 모방하여 「도산육곡」 두 편을 지었다. 그 하나는 뜻을 말한 것이고 다른 하나는 학문을 말한 것이다."라고 했다.

1566년(명종 21년, 나이 66세) 김성일에게 「병명」을 지어 주고 「심경후론」과 「전습록변」을 쓰다.

김성일은 조목, 류성룡과 함께 이황의 고족高足으로 알려져 있다. 특히 류성룡과는 그 위차位次문제를 두고 류성룡을 우위로 보는 병파屛派와 김성일을 우위로 보는 호파虎派의 대립이 있었다. 그 과정에서 김성일을 우위로 보는 호파는 이때 이황이 김성일에게 써준 「병명屛銘」을 그 근거로 들고 있다. 즉 병명의 내용이 성현의 심법과 연원의 정맥을 밝히는 것이었던 만큼 도통의 맥이 이황으로부터 김성일에게로 이어지고 있음을 주장한 것이다.

그리고 7월 이황은 「심경후론心經後論」을 쓰게 된다. 앞서 우리는 그가 『심경부주』에 대한 존숭의 태도를 보았는데 이에 대해 제자들이 정민정의 행적과 상산학으로 기울었다는 비판이었다. 이에 대해 이황은 정민정의 행적에 대해서는 무고에 따른 것으로 사실이 아니며 주희의 존덕성 중시와 주자만년정론은 터무니없는 것이라 비판했다. 그러면서 그는 존덕성의 마음공부와 도문학의 사물경전공부는 새의 두 날개 마냥 함께 중시해야 하며 말년에 존덕성을 강조한 것은 제자들이 지나치게 도문학에 편중된 것을 바로 잡기 위한 것이라고 했다. 따라서 『심경부주』는 별 문제가 없다는 것이다.

한편 그는 10월 왕수인의 『전습록』에 대한 비판의 글을 쓴다. 여기서 그는 양명학의 핵심 주장 세 가지 즉 대학 해석에 '신민新民'에 대한 '친민親民'의 주장, '성즉리性卽理'에 대한 '심즉리心卽理'의 주장, '선지후행先知後行'을 중시하는 입장에 대한 '지행합일知行合一'의 주장에 대해 모두 주자학적 관점에서 비판한다.

1568년(선조 1년, 나이 68세) 판중추부사에 오르고 「무진육조소」와 「성학십도」를 올리다.

새로 등극한 선조도 이황을 불렀다. 이 역시 사양하였으나 5월에 판중주추부사의 직책이 내렸고 7월에 조정에 나아간다. 이때 그는 「무진육조소」를 올린다. 이후 그는 홍문관과 예문관 대제학을 겸직하면서 몇 차례의 강연과 진계를 올렸으나 그리 달가워하지 않은 모습을 보고 다시 물러날 결심을 하여 「성학십도」와 차箚를 올린다. 여기에는 10개의 그림을 통해 천도와 인도를 나타내고 이를 상응하는 것으로 이해하여 인간이 추구해야 하는 이상을 제시해 놓았다. 바로 이황 평생의 학문적 고뇌와 성취가 온축된 것이라고 할 수 있다.

1569년(선조 2년, 나이 69세) 임금께 물러날 것을 허락받다.

그 이후에도 이조판서, 판중추부사 등 여러 차례 벼슬을 내렸으나 나아가지 않고 극구 물러날 것을 청하였다. 3월에서야 물러날 것을 허락받게 되었다.

1570년(선조 3년, 나이 70세) 기대승에게 「심성정도」를 논하고 12월 8일 세상을 떠나다.

그 이듬해 1570년 도산서당, 역동서원 등 여러 곳에서 『역학계몽』과 『심경』을 강론하였다. 11월 병세가 악화되었음에도 기대승에게 격물치지格物致知에 대한 자신의 견해를 수정하여 보낸다. 이때 쓴 내용이 바로 그의 '리자도설理自到說'에 해당한 것이었다.

12월 3일 설사를 하셨는데 마침 매화 화분이 곁에 있어서 화분을 다른 곳으로 옮기도록 하고 "매화 형에게 불결하니 내 마음이 스스로 미안할 뿐이다."라고 했다고 한다.

그 다음 날부터 집안일 등 신변을 정리하며 비석을 세우지 말고 작은 돌에 '퇴도만은이공지묘退陶晩隱眞城李公之墓'라고만 쓰도록 했다. 이어 여러 제자들을 만나보기를 원하였는데 그 자리에서 그는 "평소 그릇된 견해를 가지고 여러 제자들과 더불어 종일토록 강론하였으니 이 또한 쉬운 일이 아니었다."라고 했다.

8일 아침에 매화 화분에 물을 주도록 지시하고 저녁 6시쯤이 되자 갑자기 흰 구름이 지붕 위에 모이고 눈이 내려 한 치쯤 쌓였다고 한다. 조금 뒤 이황은 자리를 정리하고 앉은 채 운명했다. 선조 임금은 그의 죽음을 애통해 하며 영의정에 증직했다. 퇴계 자신이 쓴 묘갈명에는 자신의 삶을 압축적으로 보여주고 있다.

> 태어나서는 크게 어리석었고
> 장성해서는 병이 많았네.
> 중년에 어찌 학문을 좋아했고
> 말년에 어찌 벼슬에 올랐던가.
> 학문은 구할수록 멀어지고
> 벼슬은 사양할수록 몸에 얽히네.
> 세상에 나가서는 넘어졌으나

물러나 은둔하니 올발랐네.
나라 은혜에 깊이 부끄럽고
성인의 말씀이 참으로 두렵구나.
나는 옛 사람 생각하니
실로 내 마음과 맞는 구나.
후세 사람들이라고 어찌
지금의 내 마음을 모르리오.

부록

『성학십도』에 언급된 주요 인물

주돈이周敦頤(1017~1073)

자는 무숙茂叔, 호는 염계濂溪. 중국 북송 때의 학자. 도가의 영향을 많이 받은 것으로 알려져 있으며 주자학의 본체론에 많은 영향을 주었다. 대표 저서로는 『태극도설太極圖說』, 『통서通書』 등을 남겼다.

장재張載(1020~1077)

자는 자후子厚, 호는 횡거橫渠. 중국 북송 때의 학자. 기 중심의 철학을 전개했다. 대표 저서로는 「서명西銘」, 『정몽正蒙』 등을 남겼다.

정호程顥(1032~1085)

자는 백순伯淳, 호는 명도明道. 중국 북송 때의 학자. 주돈이에게 배웠으며 아우인 정이와 함께 이정二程으로 불린다. 대표 저서로는 『명도문집明道文集』, 『정성서定性書』 등을 남겼다.

정이程頤(1033~1107)

자는 정숙正叔, 호는 이천伊川. 중국 북송 때의 학자. 형과 함께 주돈이에게 배웠고 특히 그의 리 중심의 철학은 주자에게 많은 영향을 주었다. 대표 저서로는 『이천문집伊川文集』, 『역전易傳』 등을 남겼다.

주희朱熹(1130~1200)

자는 원회元晦, 호는 회암晦菴. 중국 남송 때의 학자로 흔히 주자朱子로 불린다. 북송시대 주돈이, 장재, 정호, 정이 등의 학설을 집대성하여 주자학朱子學을 완성했다. 대표 저서로는 『근사록近思錄』, 『사서집주四書集註』 등을 남겼다.

왕백王栢(1197~1274)

자는 회지會之, 호는 노재魯齋. 중국 남송 때의 학자. 천문, 역사 등 다방면에 뛰어났다고 한다. 대표 저서로는 『시의時疑』, 『노재집魯齋集』 등을 남겼다.

정복심程復心(1279~1368)

자는 자견子見, 호는 임은林隱. 중국 원나라 때의 학자. 대표 저서로는 『사서장도四書章圖』 등을 남겼다.

섭채葉采(연대 미상)

자는 중규仲圭, 호는 평암平巖. 중국 송나라 때의 학자. 대표 저서로는 『근사록집해近思錄集解』를 남겼다.

진백陳柏(연대 미상)

자는 무경茂卿, 호는 남당南塘. 중국 송나라 말에서 원나라 초의 학자로 추정된다. 대표 저서로는 「숙흥야매잠夙興夜寐箴」을 남겼다.

권근權近(1352~1409)

자는 가원可遠, 호는 양촌陽村. 고려 말에서 조선 초기 때의 학자. 이색의 문인이며 정도전과 함께 조선 초기 주자학을 알리는 데 큰 역할을 했다. 대표 저서로는 『입학도설入學圖說』, 『오경천견록五經淺見錄』 등을 남겼다.

부록

『성학십도』에 나오는 성리학의 중요 개념

리理와 기氣

리가 사물의 원리라면 기는 구체적인 사물을 이루는 바탕이 된다. 리는 모든 존재와 상황에 내재한다는 점에서 보편성을 가지며 천리天理, 태극太極은 이를 가리킨다. 기는 각각의 현상 자체를 의미한다는 점에서 개별성을 가지며 음陰, 양陽은 기의 두 가지 속성을 가리킨다. 이러한 리와 기는 서로 떨어져 존재할 수 없다는 점에서 모든 존재는 리와 기의 결합이라 할 수 있다. 리의 측면에서는 모든 존재는 동일하다고 말할 수 있으나 기의 측면에서는 차등이 있으며 사람의 성향이 다른 것도 모두 이러한 점에 근거한다.

성性과 정情

성은 사람과 사물의 본성을 말한다. 흔히 성에는 천지지성天地之性과 기질지성氣質之性이 있다고 말한다. 전자는 본래부터 지니고 있는 심성을, 후자는 후천적으로 갖게 되는 심성을 말한다. 주자학에서는 인간의 본성은 순선하나 기질에 의해 그 본연의 모습이 가려짐으로써 선하지 않은 방향으로 나아간다고 말한다. 한편 이러한 성이 현실적으로 드러난 것을 정이라고 한다. 이 정에는 사단四端과 칠정七情이 있다. 사단은 측은지심惻隱之心, 수오지심羞惡之心, 사양지심辭讓之心, 시비지심是非之心으로 도덕적 감정을 말한다. 칠정은 사람이 표현하는 감정 전체를 말하는 것으로 기쁨喜, 노여움怒, 슬픔哀, 두려움懼, 사랑愛, 미움惡, 욕欲을 그 대표 감정으로 언급한다.

심心

심은 마음으로 사유는 물론 모든 감각을 통괄하는 역할을 한다. 주자학에서는 이러한 점에서 인간의 가장 중요한 기관으로 모든 만물의 이치를 이해하고 실천할 수 있는 주체라고 본다. 따라서 순선한 본성을 회복하기 위해서는 마음을 다스리는 공부가 매우 중요한 과제가 된다.

오상五常

오상은 인의예지신仁義禮智信의 다섯 덕목을 말한다. 주자학에서는 인간의 본성이 오상으로 채워져 있기에 선하다고 말한다. 이러한 덕이 현실에 잘 실현되도록 하는 것이 공부의 중요한 목적이다.

체體와 용用

체와 용은 흔히 본체와 현상적 작용을 말한다. 전자는 근본적이고 내재적인 반면 후자는 이러한 체에 근거한 현상적 작용이다. 가령 붓이라는 사물이 있으면 이 사물의 형상이 바로 체가 되며 그것을 이용해 글씨를 쓰는 것을 용이라고 한다. 여기서 유의할 것은 사람이 붓을 사용하여 쓰는 것을 용이라 하지 않고 이미 체에 글씨를 쓸 수 있는 가능성이 존재하게 되는데 이것이 드러난 상태가 바로 용이 되는 것이다.

리일분수理一分殊

리일분수는 만물이 존재하게 되는 가장 근원적인 리는 하나이지만 만물에 각기 서로 다른 모습으로 존재하며 비록 이렇게 다른 모습일지라도 모두 하나의 리에서 생겨난다는 것을 말한다. 전자의 근원적인 리를 '리일지리理一之理'라고 한다면, 후자의 각기 다른 리를 '분수지리分殊之理'라고 한다. 이 둘은 전체와 부분의 관계로 이해되기도 하나 여기서 부분이란 전체를 나눈 부분이란 뜻이 아닌 본질적으로 전체와 동일한 부분을 의미한다. 이를 흔히 불교의 '월인천강月印天江'에 비유되곤 한다. 즉 하늘에 떠 있는 달이 온 강물에 비춰고 있듯이 하늘에 떠 있는 달은 근원적이며 온전한 전체인 태극이며 강물에 떠 있는 달은 만물이 이러한 태극을 각기 지니고 있음을 말하고 있는 것이다.

해설

『성학십도』의 편찬과 퇴계 심학의 전개

해설

『성학십도』의 편찬과 퇴계 심학의 전개

1. 저술의 체제와 내용

이황은 16세의 어린 나이로 왕위에 오른 선조에게 1568년 『성학십도聖學十圖』를 지어 올렸다. 당시 이황의 나이는 68세였고, 선조는 17세였다. 문정왕후文定王后와 윤원형尹元衡 등 외척세력의 전횡으로 국가의 기강이 무너질 대로 무너진 상황에서 어린 새 군주에 대한 기대가 어느 때보다 컸다. 보위에 오른 선조는 원로 현신들을 다시 불러 모으게 되며, 이황에게도 여러 차례 간곡한 청이 내려 어쩔 수 없이 68세의 노구를 이끌고 출사하게 되었다. 조정에 돌아온 후 그는 자신의 정치적 견해를 담은 「무진육조소戊辰六條疏」를 지어 올리고, 경연에서도 거듭 자신의 생각을 진달하였다. 그러나 다음의 글을 보면 기대와는 달랐던 모양이다.

> 신이 삼가 생각하옵건대 당초에 상소를 올려 학문을 논했던 말들이 이미 전하의 뜻을 감발시키지 못하였으며, 그 후 입대하여 거듭 드렸던 말도 전하의 총명예지에 도움을 드리지 못하였으니, 미미한 신은 곤혹스러워서 어떤 말을 해야 할지 모르겠습니다. 오직 옛 현인·군자들이 성학의 내용을 밝히고 마음을 수양하는 법을 터득하여 도를 그리고 도설을 지어 사람들에게 도에 들어가는 문과 덕을 쌓는 토대가 무엇인지 보여 주었던 것들이 세상에 전해져서 해와 별같이 환합니다.[1]

마침내 그는 물러날 것을 결심한 뒤 자신의 충정과 평생의 학문을 담아 『성학십도』를 짓게 된 것이다. 그가 "기왕에 외람되이 이를 받는 것을 면하지 못했다면, 성학을 권하여 인도하고 성상의 덕을 도와 요순의 융성한 정치에 이르기를 기약함은 비록 사양하려 해도 감히 할 수 없는 것이니 어찌하면 좋겠습니까?"[2]라고 말한 것을 보면, 이를 지어 올린 목적이 바로 임금을 도와 요순과 같은 성군이 되게 하여 요순시대와 같은 정치를 기약하고자 한 것임을 알 수 있다. 아울러 그는 도와 도설로서 짓게 된 연유도 밝히고 있다.

> 도는 넓고 넓으니 어느 곳을 먼저 손대야 하며, 옛 성현의 가르침은 천만가지나 되니 어디에서부터 들어가야 하겠습니까? 성인이 되는 학문에는 큰 단서가 있고 마음을 수양하는 방법에는 지극한 요체가 있으니, 그것을 들어 도를 만들고 그것을 가리켜 설명을 붙임으로써 사람들에게 도에 들어가는 문과 덕을 쌓는 기반이 무엇인지 보여주는 것은, 이 또한 후현들의 부득이한 일이었습니다.[3]

그는 도는 넓디넓고 성현의 말씀은 너무나 많아 이를 알기 쉽고 실천하기 쉽게 도와 도설로 짓게 되었음을 밝히면서, 이와 같이 도와 도설의 연원은 일찍이 하도낙서河圖洛書와 역의 괘효卦爻에서 볼 수 있으며,[4] 임금을 사랑하고 나라를 걱정하는 충정에 선한 말과 교훈이 될 내용을 가려 이렇게 도와 도설을 그려 바친 선례는 장구령張九齡의 「금감록金鑑錄」, 송경宋璟의 「무일도無逸圖」, 이덕유李德裕의 「단의육잠丹扆六箴」, 진덕수眞德秀의 「빈풍칠월도豳風七月圖」 등에서 볼 수 있다고 말하였다.[5] 그리고서 그는 "도를 이루고 성인이 되는 요령과 근본을 바로잡아 태평시대를 여는 원천이 모두 여기에 갖추어져 있으니, 오직 성상께서 정신을 집중하고 뜻을 더하여 처음부터 끝까지 반복하여 살펴보는 데 달려 있다."[6]고 말하면서 이것을 병풍과 첩帖으로 각각 하나씩 만들어 늘 가까이에 두고서

자신을 반성하고 경계할 것을 당부하였다.[7]

그러나 사실은 이 『성학십도』를 꼭 선조에게 올리기 위해 저술한 것만이 아니었다. 그 전에 이미 저술을 시작하였고 율곡과 주고받은 편지에서 순서를 바꾸고 내용을 토론하는 것을[8] 보면 꼭 10도 체제를 처음부터 구성한 것은 아니었으며 각 도에 대한 개별적 도를 작성하다 마침 선조에게 올리기 위해 전체적으로 10도에 맞춘 것으로 보인다.

『성학십도』의 내용은 제목에 나와 있듯이 '성학'에 관한 10개의 도이다. 그러나 좀 더 정확히 말하면, 제6 「심통성정도」는 상 · 중 · 하 3도로 되어 있기 때문에 총 12개의 도로 구성되어 있으며, 또한 도만으로 구성된 것이 아니라 도에 대한 도설과 함께 주희 등 선유들의 설[9] 중 이와 관계된 내용을 가려 실었으며, 맨 마지막에는 이황 자신의 해설을 달아 놓았다. 그리고 도와 도설은 주로 선유들의 것을 가져와 실었으며, 이황 자신이 그린 도는 제3 「소학도」와 제5 「백록동규도」, 제6 「심통성정도」 중 중도와 하도, 제10 「숙흥야매잠도」이다. 상세한 내용은 다음 표와 같다.

<table>
<tr><th colspan="2">도</th><th>구성</th><th>작자</th></tr>
<tr><td rowspan="2">1</td><td rowspan="2">태극도</td><td>도</td><td rowspan="2">주돈이</td></tr>
<tr><td>도설</td></tr>
<tr><td rowspan="2">2</td><td rowspan="2">서명도</td><td>도</td><td>정복심</td></tr>
<tr><td>명</td><td>장재</td></tr>
<tr><td rowspan="2">3</td><td rowspan="2">소학도</td><td>도</td><td>이황</td></tr>
<tr><td>제사</td><td>주희</td></tr>
<tr><td rowspan="2">4</td><td rowspan="2">대학도</td><td>도</td><td>권근</td></tr>
<tr><td>대학경일장</td><td></td></tr>
<tr><td rowspan="2">5</td><td rowspan="2">백록동규도</td><td>도</td><td>이황</td></tr>
<tr><td>후서</td><td>주희</td></tr>
</table>

도		구성	작자
6	심통성정도	상도와 도설	정복심
		중도와 하도	이황
7	인설도	도	주희
		설	
8	심학도	도	정복심
		설	정복심
9	경재잠도	도	왕백
		잠	주희
10	숙흥야매잠도	도	이황
		잠	진백

『성학십도』는 10개의 도가 모두 별개의 것으로 구성되어 있지만, 전체적으로 보면 흔히 앞의 다섯 도(前5圖)와 뒤의 다섯 도(後5圖)로 구분해본다. 이것은 이황 자신의 구분에 따른 것이기도 하다. 그는 제5도와 제10도 끝에다 각각 "이상 다섯 개의 그림은 천도에 근본하고 있지만, 그러나 그 공효는 인륜을 밝히고 덕업에 힘쓰도록 하는 것에 있으며"[10], "이상 다섯 개의 그림은 심성에 근원한 것인데, 그 요점은 일상생활에서 힘써 공부하고 경외하는 마음을 높이는 데에 있다"[11]고 말하였다. 곧 그는 전5도가 천도에 관한 것이라면 후5도는 심성에 관한 것이며, 그 목적은 '인륜을 밝히고 덕업에 힘쓰도록 하는 것'과 '일상생활에서 힘써 공부하고 경외하는 마음을 높이는 것'에 있다고 말하였다. 그는 여기에서 먼저 천도를 밝히고 뒤이어 심성을 밝힘으로써 궁극적으로 '천인합일天人合一'[12] 곧 완성된 인격을 이룸으로써 '성현됨'에 이르고자 한 것임을 알 수 있다.

그런데 전5도 중 제1 「태극도太極圖」와 제2 「서명도西銘圖」는 '천도天道'에 관한 것이라고 볼 수 있지만, 제3 「小學圖」와 제4 「대학도大學圖」 및 제5 「백록동규도白鹿洞規圖」는 그렇게 보기가 어려운 점이 있다. 이것은 주로 '학學'과 관계된 것이다. 여기에서 이황이 다른 곳에서 한 말을 한번 눈여겨 볼 필요가 있다.

> 두 설(소학과 대학)만을 통합하여 볼 것이 아니라 아래위의 여덟 개 그림도 모두 마땅히 이 두 그림과 통합하여 보아야 할 것입니다. 대개 위의 두 그림은 단서를 구하여 확충하고 천도를 체득하여 도를 다하는 극치가 되는 곳으로, 소학과 대학의 표준과 본원이 되며, 아래의 여섯 그림은 선을 밝히고 성실히 하며, 덕을 높이고 사업을 넓혀가는 것에 힘쓰는 곳으로 소학과 대학의 실천장과 공적이 되는 것입니다. 그리고 경이라는 것은 또한 상하를 다 관통하는 것이니, 공부를 시작하고 공부의 효과를 거두어들임에 있어 모두 마땅히 종사하여 잃지 말아야 할 것입니다.[13]

그는 여기에서 제3 「소학도」와 제4 「대학도」를 설명하면서 앞의 두 도와 뒤의 여섯 도를 나눠 설명하고 있다. 일종의 3분설이라고 할 수 있겠다. 내용적으로 볼 때, 이것이 오히려 2분설보다는 더 일치하는 것 같다. 그가 제1 「태극도」와 제2 「서명도」에 대해 "단서를 구하여 확충하고 천도를 체득하여 도를 다하는 극치가 되는 곳으로, 소학과 대학의 표준과 본원이 된다"라고 말했듯이 먼저 우주론적 관점에서 인간의 자리와 목표를 설정한 뒤 제3 「소학도」와 제4 「대학도」 및 제5 「백록동규도」에서 '학' 곧 사람이 하늘같이 되는 것을 배열하였다. 그리고 그는 "아래의 여섯 그림은 선을 밝히고 성실히 하며, 덕을 높이고 사업을 넓혀가는 것에 힘쓰는 곳으로 소학과 대학의 실천장과 공적이 된다"고 말하였는데, 이것도 좀 더 자세히 보면, 제5 「백록동규도」는 앞서 말한 것과 같이 '학'에 포함시키고, 나머지 다섯 도도 제6 「심통성정도心統性情圖」 · 제7 「인설도仁說圖」 · 제8 「심학도心學圖」와 제9 「경재잠도敬齋箴圖」 · 제10 「숙흥야매잠도夙興夜寐箴圖」의 둘로 구분해보는 것이 좋을 것 같다. 이때 앞의 세

도는 '심성' 곧 도덕적 인간에 대한 설명이라면, 뒤의 두 도는 구체적 실천의 방법과 내용을 담고 있다. 이렇게 되면 결국 4분설이 되는데, 3분설과 4분설을 함께 섞어 보면 『성학십도』를 전체적이며 체계적으로 이해하는 데에 도움이 될 것이다.

한편 이황은 앞에서 보았다시피 『성학십도』의 내용을 '천인합일'로 말한 적이 있다. 이에 따라 다시 내용을 분류해보면, '천天'('천도')에는 제1「태극도」와 제2「서명도」를, '인人'('심성')에는 제6「심통성정도」와 제7「인설도」· 제8「심학도」를, 그리고 '합일合一'에는 제3「소학도」와 제4「대학도」, 제5「백록동규도」, 제9「경재잠도」, 제10「숙흥야매잠도」를 배속해 볼 수 있겠다. 곧 그는 『성학십도』에서 먼저 우주론적 관점에서 '천'과 '인'의 관계와 함께 '인'의 목표로서 '천'을 설정한 뒤 도덕적 인간에 대한 심성론적 분석을 하고서 마지막으로 '인'이 실제로 '천'과 합일의 경지에 이르는 구체적 방법과 내용을 제시하고 있는 것이다.

2. 성학과 거경의 존덕성공부 중시

이황이 『성학십도』에서 궁극적으로 말하고자 한 것은 완성된 인격, 바로 '성현됨'에 이르는 것이며, 이를 그는 '천인합일'로 말하였다. 그리고 그는 이것이 일반 사람만이 아닌 군왕도 마찬가지로 추구해야 할 목표이며,[14] 군왕의 지위와 책임이 막중한 만큼 군왕은 더욱 더 힘써 노력해야 함을 다음과 같이 역설하였다.

> 임금의 한마음은 온갖 일이 말미암는 곳이며 모든 책임이 모이는 곳이요 뭇 욕구들이 서로 공격하고 온갖 사특함이 번갈아 뚫고 들어오려는 곳이니, 한번이라도 태만하고 소홀하여 방종함이 따르게 되면 산이 무너지고 바다가 넘치는 것처럼 걷잡을 수 없게 될 것입니다.[15]

심지어 세숫대야와 밥그릇, 안석과 지팡이, 칼과 들창문 등 눈길이 닿고 몸이 거처하는 곳이라면 어디든 명이나 계가 있지 않은 데가 없었습니다. 그들이 이 마음을 유지하고 이 몸을 지키는 것이 이토록 지극하였기 때문에 덕이 날로 새로워지고 사업이 날로 넓어져서 조그마한 잘못도 없고 커다란 명성이 있을 수 있었던 것입니다.[16]

그가 이렇게 말함으로써 『성학십도』는 단순히 일반 사람들의 '성현됨' 만이 아닌 군왕의 '성군됨'의 교과서로서 성격도 가지게 되었다. 우리는 먼저 여기에서 그가 유학은 다름 아닌 완성된 인격의 추구를 목표로 하는 '성학'임을 분명히 제시하고 있는 것을 볼 수 있다. 또한 이것은 바로 그 자신 유학자로서 학문함의 목표이자 북송 이래 '새로운(新)' 유학으로서 '희성지학希聖之學(자기 스스로 성현이 되기를 희구하는 학문)'이라는 주자 성리학의 학문적 정체성을 정통으로 계승한 것이다. 따라서 『성학십도』의 내용은 물론 그의 여러 성리설들이 궁극적으로 자신의 도덕적 인격 완성을 통한 성현됨을 추구하고 있다는 점을 분명히 인식할 필요가 있으며, 어느 한 이론을 끄집어내 탈맥락적으로 그것을 이해하는 것은 깊이 경계할 필요가 있다고 생각한다.

그렇다면 어떻게 성현의 경지에 이를 것인가? 그는 먼저 범우주적 관계 속에서 인간으로서 자기 존재의 위치설정(定位)이 필요하다고 생각하여 북송시기 주자학의 선구자인 주돈이周敦頤(호 濂溪)의 「태극도太極圖」와 「태극도설太極圖說」, 장재張載(호 橫渠)의 「서명西銘」과 원대 정복심程復心(호 林隱)의 「서명도」를 가져왔다. 주돈이의 「태극도」와 「태극도설」은 무극無極 · 태극太極으로부터 음양陰陽과 오행五行을 거쳐 인간을 포함한 만물에 이르기까지의 과정을 도로 그리고 해설을 단 것이며, 장재의 「서명」은 기일원론氣一元論에 따른 '물아동포物我同胞'의 내용을 담고 있다.

이황은 『성학십도』에서 「태극도」를 맨 앞에 둔 것은 『근사록近思錄』에서 「태극도」를 맨 앞에 둔 것과 같은 뜻에 의한 것이라고 말하였으며,[17]

주돈이의 「태극도설」에는 없는 '경'의 내용을 주희의 설에서 가져와 설명을 덧붙였다.[18] 바로 여기에 「태극도설」에 대한 그의 독특한 독법이 드러나는 바, "경이라는 것은 또한 상하를 다 관통하는 것이니, 공부를 시작하고 공부의 효과를 거두어들임에 있어 모두 마땅히 종사하여 잃지 말아야 할 것이며, … 지금 이 열 개의 그림도 모두 경으로써 주를 삼았다"[19]고 말하였다. 주지하다시피 주돈이는 「태극도설」에서 '무욕주정無欲主靜'을 말하였을 뿐 경을 말하지 않았는데, 그는 「태극도설」뿐만 아니라 『성학십도』의 10개의 도 모두를 경의 관점에서 읽고 있는 것이다.

그리고 그는 「서명도」에서 다음과 같이 설명을 달고 있다.

> 대개 성학은 인仁을 구하는 데 달려 있으니, 모름지기 이 뜻을 깊이 체득하여야 비로소 자신이 천지만물과 더불어 한 몸이라는 사실을 알 수 있게 됩니다. 그래야 인을 실천하는 공부가 비로소 자신의 일처럼 절실하고 맛이 있게 되어서, 아득하게 자신과 상관없게 될 염려가 없을 것이며, 또 외물을 자기로 여기는 병통도 없게 되어 마음의 덕이 온전해지는 것입니다. 그러므로 정자께서 "서명의 뜻은 지극히 완전하게 갖추어져 있으니, 곧 인의 체體이다"라고 하였고, 또 "서명의 내용을 온전히 확충한 때가 성인이다"라고 하였습니다.[20]

그는 인을 구하는 것이 성학이며, 인을 구하기 위해서는 장재의 「서명」 속에서 나와 만인, 나와 만물이 일체이며 동포라고 말한 의미를 아는 것이 반드시 필요하다고 말하고 있다. 이와 같이 만물일체, 물아동포인 것은 바로 '같은 기(同氣)'를 타고 났기 때문이며, 이러한 사실을 알아야 "인을 실천하는 공부가 비로소 자신의 일처럼 절실하고 맛이 있게 되어서, 아득하게 자신과 상관없게 될 염려가 없을 것"이라고 말하였다. '하나임'에 대한 철저한 성찰이야말로 인仁을 통해 '하나됨'을 향해 나아가는 데에 무엇보다도 절실하다는 것이 그가 「서명」을 읽어낸 핵심 내용이라고 할 수 있겠다. 그는 "또 외물을 자기로 여기는 병통도 없게 된다"고 말하여 「서명」의 내용에는 '하나임'만이 아닌 동시에 '다름'의 내용도 있음을 말하면서 「서명」에 대한 주희와 양시楊時(호 龜山)의 설을 가져오고 있다.[21] 하지만 앞에서 말한 대로 「서명」에 대한 그의 독법의 핵심은 전체적 논의를 볼 때, '하나임'에 대한 인식이다.

이황은 범우주적 관계 속에서 인간으로서 자기 존재의 정위에 이어 도덕적 인간에 대한 심성론적 분석을 하고 있다. 이에 대해서는 주로 「심통성정도」와 「인설도」, 「심학도」에서 논의하고 있는데, 이 가운데에서도 「심통성정도」의 중·하도에 그의 관점이 집중적으로 담겨 있다. 먼저 그는 주희의 「인설」과 「인설도」를 그대로 옮겨 실은 뒤 달리 자신의 의견을 덧붙이지 않았다. 이 「인설」과 「인설도」는 앞에서 보았듯이 그가 장재의 「서명」을 '인을 구하는(求仁)' 방책으로 삼았던 만큼 그것과 연결지어 이해해 보는 것도 나름의 의미가 있을 듯하다. 그리고 그는 정복심의 「심학도」와 「심학도설」을 그대로 가져와 제8도로 삼았는데, 위쪽에는 심권心圈 둘레에 양심과 본심 등 여러 가지 심이, 아래쪽에는 경권敬圈 둘레에 신독과 계신 등 여러 가지 마음공부에 관한 내용이 배치되어 있다. 그는 이에 대해 자신의 설명을 붙이면서 "어떤 사람이 의심하여 말하기를 '이미 대강으로써 말하였다면 구방심求放心은 공부를 시작할 때의 일이니 심재心在 뒤에 놓는 것은 부당하다'라고 하였습니다"[22]만 자신은 그렇게 생각하지 않음을 밝히고 있다.

> 그 위로부터 아래로 배열한 것은 단지 얕고 깊음, 생소하고 익숙한 것의 대강으로써 말하면 이와 같은 것이 있다는 것일 뿐이지 그 공부의 과정과 절차가 치지, 성의, 정심, 수신이 선후가 있는 것과 같다는 것은 아닙니다.[23]

그는 여기에서 경권 둘레의 여러 가지 공부 내용이 반드시 공부 순서에 따라 배치된 것은 아니라고 말하고 있다. 그리고 위에서 그가 '어떤 사람'이라고 말한 사람은 바로 이이李珥(호 栗谷)이다. 그가 『성학십도』를 편찬할 때 이미 많은 학자들이 이 사실을 이미 알고 있었고 그 내용에 대해서도 의견이 분분했던 모양이다. 당시 이이는 위에서와 같이 공부의 순서에 대해서 뿐만 아니라 심권의 심 배치 등에 대해서도 이견을 제시하며 그와 서찰을 통해 토론하였다. 그 결과 그는 원래 「심학도」가 「인설도」 앞에 있었는데, 이이의 지적에 따라 지금의 순서와 같이 배치하기도 하였다.[24]

「심통성정도」는 앞에서 말했듯이 상·중·하 3도로 구성되어 있는데, 상도의 도와 설은 정복심의 것을 가져와 싣고, 중도와 하도의 도와 도설은 그 자신이 직접 그리고 설을 단 것으로, 『성학십도』 전체에서 볼 때도 이곳에 그의 성리학적 관점이 집중적으로 실려 있다. 정복심은 상도에서 주자학의 정론이라고 할 수 있는 심통성정론을 설명하면서, 심을 체體와 용用으로 나누고서 심의 체에는 '적연부동寂然不動'한 미발未發의 성性을, 심의 용에는 '감이수통感而遂通'의 이발已發의 정情을 배속시켰다. 이것은 주자학의 정통적 견해를 도설한 것이라고 볼 수 있다.

이황은 심·성·정에 대한 주자학 정통의 설을 담고 있는 상도를 먼저 배치한 뒤 자신의 설을 바탕으로 중도와 하도를 그리고 설을 달았다. 그는 먼저 중도와 하도 두 곳에서 모두 심이 '성과 정을 통합(統性情)'과 함께 '리와 기를 합함(合理氣)'을 나란히 적고 있다. 이것은 그가 '심통성정'을 곧 '심합리기'로 보고 있음을 밝힌 것이라고 볼 수 있다. 이어 그는 중도는 기품 가운데 나아가 본연의 성을 지적해 내어 말한 것이고, 하도는 리와 기를 합하여 말한 것이라면서 그 각각의 아래에 상세한 설명을 덧붙이고 있다.

그가 직접 그린 중도를 보면, 큰 원의 한가운데에 '성性'자와 함께 둘레에 인仁 · 의義 · 예禮 · 지知 사덕四德을 적고, 원의 안쪽에 붙여 '심心'자와 함께 허령虛靈과 지각知覺을, 원의 바깥쪽 아래에는 '정情'자만을 붙여 적어 놓았다. 그리고 '정'자와 연결하여 포함 관계로 작은 원과 큰 원을 그린 뒤 작은 원에는 '사단四端'이라는 글자와 함께 측은惻隱 · 수오羞惡 · 사양辭讓 · 시비是非를, 큰 원에는 '칠정七情'이라는 글자와 함께 희喜 · 노怒 · 애哀 · 구懼 · 애愛 · 오惡 · 욕慾을 적어 놓았다. 이와 같이 그린 중도에 대해 그는 다음과 같이 설을 달고 있다.

> 중도는 기품 가운데 나아가 본연의 성을 지적해 내어 기품과 섞이지 않은 것으로써 말한 것이니 자사子思가 말한 천명天命의 성, 맹자가 말한 성선性善의 성, 정자가 말한 '성이 곧 리(性卽理)'라는 성, 장자가 말한 '천지지성天地之性'이라는 성이 이것입니다. 그 성을 말한 것이 이미 이와 같기 때문에 발하여 정이 된 것도 모두 선한 것을 가리켜 말하였으니 자사가 말한 '중절中節의 정', 맹자가 말한 '사단'의 정, 정자가 말한 '어찌 불선이라고 말할 수 있겠는가'라는 정, 주자가 말한 '성으로부터 흘러 나와 본래 선하지 않음이 없다'는 정이 이것입니다.[25]

그는 중도에서 본연지성과 기질지성 두 가지 성 가운데 본연지성의 입장에 서서 주자학에서 말한 '성발위정性發爲情(성이 발하여 정이 된다)'의 설에 따라 본연지성이 발하여 된 정은 그것이 사단의 정이든 칠정의 정이든 모두 선하다고 말하고 있다. 따라서 본연지성의 입장에서 보면 사단의 정과 칠정의 정을 굳이 구분할 것 없이 모두 선하다는 점에서 같다는 생각이다. 이것은 비록 성에 본연지성과 기질지성의 구분이 있고, 정에도 사단의 정과 칠정의 정이라는 구분이 있지만, 그 본령과 중심은 본연지성이 발해 생겨난 선한 정만 있을 뿐이라는 것으로, 그의 독창적인 이해가 돋보인다. 특히 이렇게 되면, 사단의 정만이 아니라 칠정의 정도 본연지성이 발한 것이기 때문에 '칠정리발七情理發'의 설이 도출될 수 있게 되며, '심합리기心合理氣'이기는 하지만 리가 중심적 부분이기 때문에 '심즉리心卽理'를 말할 수 있는 여지가 생겨난다. 뒷날 류성룡柳成龍의 서애西厓 학통과 조선 말 한주寒洲 이진상李震相에게서 특히 이에 대해 중점적으로 논의하는 것을 볼 수 있다.[26]

한편 그는 하도에서는 다음과 같이 말하고 있다.

> 하도는 리와 기를 합하여 말한 것이니, 공자가 말한 '서로 비슷하다'는 성, 정자가 말한 '성이 곧 기이며, 기가 곧 성'이라는 성, 장자가 말한 '기질지성'이라는 성, 주자가 말한 "비록 기속에 있다 하더라도 기는 스스로 기이고 성은 스스로 성이어서 서로 섞이지 않는다"라는 성이 이것입니다. 성을 말한 것이 이미 이와 같기 때문에 발하여 정이 되는 것도 리와 기가 서로 돕거나 혹 서로 해치는 것으로 말하였습니다. 예를 들면 사단의 정은 리가 발하고 기가 그것에 따르니, 본래 순선하여 악이 없으며, 반드시 리의 발함이 온전하게 이루어지기 전에 기에 가려진 뒤에서야 흘러가서 선하지 않게 됩니다. 칠정은 기가 발하고 리가 그것에 타는 것이니, 역시 선하지 않음이 없으나, 만일 기가 발하는 것이 절도에 맞지 않아 그 리를 없애게 되면 방자하게 되어 악이 됩니다. 이와 같기 때문에 정자는 "성을 논하면서 기를 논하지 않으면 갖추어지지 않고, 기를 논하면서 성을 논하지 않으면 밝지 못하며 둘로 나누면 옳지 않다"고 하였습니다. 그렇다면 맹자와 자사가 리만 가리켜 말한 것은 갖추어지지 못한 것이 아니라, 기를 함께 말하면 성의 본래 선함을 드러낼 수 없었기 때문일 뿐이니, 이것이 중도의 뜻입니다.[27]

그는 하도에서는 리와 기가 합해져 있는 기질지성의 관점에서 도와 도설을 하고 있다. 기질지성은 그가 말한 것처럼 리와 기가 합해져 있고, 그 속의 리가 바로 본연지성이기 때문에 여기에서는 결국 본연지성과 기질지성의 관계 속에서 도와 도설이 붙여졌다. 그리고 성이 발해 정이 생겨났지만, 그 성이 본연지성을 포함한 기질지성이기 때문에 발해서 생겨난 정도 사단의 정과 칠정의 정으로 나눠지게 되어 도에서도 사단과 칠정을 나눠 그려놓았으며, 도와 도설에서 사단은 "리가 발하고 기가 그것에 따른 것(理發而氣隨之)"으로, 칠정은 "기가 발하고 리가 그것에 탄 것(氣發而理乘之)"으로 말하였다. 이렇게 볼 때, 하도는 그가 기대승奇大升(호 高峰)과 이른바 '사단칠정논쟁'을 거친 후 자신의 정론에 따라 그려진 것이라고 할 수 있겠다.

또한 여기에서 "사단은 본래 순선하여 악이 없으며", 칠정 "역시 선하지 않음이 없다"라고 한 대목이 눈에 띈다. 기질지성의 관점에서 말하면서도 사단의 정만이 아니라 칠정의 정도 선하지 않음이 없다고 한 것은, 그가 중도에서 사단의 정과 칠정의 정이 모두 본연지성이 발해 생겨난 것이기 때문에 선하지 않음이 없다고 한 것과 연관된 것으로 그의 이론적 특성이 잘 나타나 있다. 그리고 위에서 "맹자와 자사가 리만 가리켜 말한 것은 갖추어지지 못한 것이 아니라, 기를 함께 말하면 성의 본래 선함을 드러낼 수 없었기 때문일 뿐이니, 이것이 중도의 뜻입니다"라고 말한 대목도 눈여겨 볼만하다. 이 대목 바로 위에서 그도 인용하고 있다시피 정자가 일찍이 "성을 논하면서 기를 논하지 않으면 갖추어지지 않고, 기를 논하면서 성을 논하지 않으면 밝지 못하며, 둘로 나누면 옳지 않다"라고 말하였는데, 주희 등 정자의 후예들은 정자가 한 말을 내세워 자사와 맹자가 기의 측면은 빠트리고 리의 측면에서만 '천명의 성(天命之性)'과 '성선性善'을 말하였기 때문에 뒷날 혼란스레 다양한 성론을 불러왔다는 비판적 견해를 제기하게 되며, 이것이 마치 정설인 것처럼 받아들여졌다. 그런데 이에 대해 그는 여기에서 이견을 내놓고 있는 것이다. 곧 그는 자사와 맹자의 성설은 아무런 문제가 없으며, 성의 본래 선함을 드러내 밝힌 것일 뿐이라고 말하였다. 우리는 그의 '맹자 다시 읽기'의 장면을 여기에서 보고 있다.

그는 위의 도설에 이어 다음과 같은 말로 하도의 설을 끝맺고 있다.

> 요컨대 리와 기를 겸하고 성과 정을 아우르는 것은 심이요, 성이 발하여 정이 되는 순간이 바로 한 마음의 기미機微요 온갖 변화의 지도리로서 선과 악이 이로부터 나누어지는 것입니다. 배우는 자는 진실로 한결같이 경敬을 간직하여 리理와 욕欲의 구분에 어둡지 않고, 더욱 여기에서 삼가기를 지극히 할 수 있어야 합니다. 아직 마음이 발하기 전에는 마음을 보존하고 본성을 기르는 공부를 깊게 하고, 마음이 이미 발하였을 때에는 성찰하는 습관을 익숙하게 하여 진眞을 쌓고 오래도록 힘써 그치지 않을 수 있어야 합니다. 그러면 이른바 '정밀하게 살피고 한결같이 지켜 중中을 잡는' 성학聖學과 '체體를 보존하고 용用에 응하는' 심법心法을 밖에서 구하기를 기다리지 않아도 여기에서 모두 얻을 수 있을 것입니다.[28]

그는 여기에서 「심통성정도」 전체의 내용을 요약하면서 '심통성정心統性情'과 '심합리기心合理氣', '심겸리기心兼理氣', '성발위정性發爲情'을 말한 뒤 경을 통한 미발시未發時의 존심양성공부와 이발시已發時의 성찰공부를 말하고, 이어 성학과 심법에 대해 말하고 있다. 그리고 성학이란 이른바 '16자 심법'이며, 마음의 '전체대용全體大用'함이 바로 심법이라는 것이다. 그는 이렇게 심·성·정에 대해서 논하면서도 경을 통한 마음공부의 강조를 빼놓지 않고 있다.

그는 마지막으로 완성된 인격에 이름, 곧 성현처럼 됨에 대해 말하고 있다. 이것은 달리 말하면 '천인합일'의 경지에 이르는 것이다. 이에 대해서는 「소학도」와 「대학도」, 「백록동규도」, 「경재잠도」, 「숙흥야매잠도」에서 주로 논의하고 있다. 이 가운데에서도 「소학도」와 「대학도」에서 중요하게 논의하고 있으므로, 나머지 세 도에 대해 먼저 간략히 살펴보기로 한다.

그는 주희가 지은 「동규후서」에 따라 직접 「백록동규도」를 그렸는데, 이 「동규후서」는 그에 의해 약간의 수정을 거쳐 조선시대 서원 원규의 전범이 되었다. 그는 이곳에다 일반 학자와 군왕의 학문이 다 같을 수는 없지만 윤리강상에 근본하고 궁리, 역행하여 심법의 요점을 얻고자 하는 점에서는 같다고 말하였다.[29] 그리고 「경재잠도」는 주희의 「경재잠」을 원나라의 노재 왕백이 도를 그린 것이고, 「숙흥야매잠도」는 남송의 진백이 지은 「숙흥야매잠」을 그가 직접 도로 그린 것인데, 그는 「숙흥야매잠도」 아래에다 다음과 같이 설명을 달았다.

> 신이 이제 삼가 노재의 「경재잠도」를 모방하여 이 그림을 만들어 그의 그림과 상대되게 하였습니다. 대개 「경재잠」에는 여러 가지 공부하는 상황들이 있으므로, 그 상황들에 따라 해야 할 공부를 배열하여 그림을 만들었고, 이 잠에서는 공부해야 할 여러 시점들이 있으므로, 그 시점에 따라 배열하여 그림을 만들었습니다. … 과연 이와 같이 할 수만 있다면 어떤 상황에서라도 털끝만한 잘못도 없게 될 것이고, 어떤 시점도 빠뜨리지 않아 잠시라도 끊어짐이 없게 될 것이니, 두 가지 공부를 함께 해 나가면, 성인이 되는 요령이 여기에 있지 않겠습니까?[30]

그는 여기에서 제9 「경재잠도」와 제10 「숙흥야매잠도」가 각각 '일'에 따른 공부와 '때'에 따른 공부의 구체적 내용을 담고 있어 짝을 이루고 있음을 밝히고 있다. 그리고 「경재잠도」에서 그가 「경재잠」 10장의 내용을 장별로 의미를 밝힌 오징吳澄(호 草廬)의 설[31]을 가져온 것도 눈여겨볼만하다.

「소학도」와 「대학도」에 대해서는 이미 앞에서 약간 살펴본 적이 있다. 그 중심적인 내용은 「소학도」와 「대학도」 둘만이 아니라 아래위 여덟 개의 도圖 모두 통합해서 보아야 하며, 열 개의 도 모두 경敬을 주로 삼아야 한다는 것이었다.[32] 「소학도」는 주희의 「소학제사」를 바탕으로 그가 직접 도를 그렸으며, 「대학도」는 권근權近(호 陽村)이 그린 것인데, 「대학」의 경문을 그가 설로 달았다. 그는 주희가 다음과 같이 말한 것에 따라 둘은 '하나이면서 둘이고, 둘이면서 하나'[33]의 관계라고 말하였다.

> (대학과 소학이라는) 학문은 크고 작음은 진실로 다름이 있지만, 그러나 그 도가 됨은 한가지일 뿐이다. 그러므로 어렸을 때 소학을 익히지 않으면 놓아버린 마음을 수렴하여 그 덕성을 길러 대학 공부의 바탕을 마련할 수 없고, 자라서 대학 공부로 나아가지 않으면 의리를 잘 살펴서 사업에서 실천하여 소학 공부의 성과를 거둘 수 없다.[34]

그리고 그는 두 도에다 주희가 여러 가지 경설敬說을 말한 것과 "경이라는 한 글자가 어찌 성인이 되는 학문의 처음과 끝을 이루는 요체가 아니겠는가"라고 말한 것 등을 가져와 해설을 달았다. 그런데 실은 『소학』과 『대학』의 경문, 그리고 권근의 「대학도」 어디에도 경에 대한 언급이 없다. 다만 그는 주희가 경에 대해 말한 것을 가져와 「소학도」와 「대학도」에다 설명의 글로 달은 것이다. 앞에서 본 바와 같이 이것만이 아니었다. 그는 「태극도설」에도 경이라는 글자가 없는데, 경을 가지고 풀이하였다. 그의 말처럼 그는 실제로 『성학십도』 "열 개의 도 모두 경으로써 주를 삼았음"이 분명하다.

1 『聖學十圖』, 「進聖學十圖箚」, "臣竊伏惟念, 當初上章論學之言, 旣不足以感發天意, 及後登對屢進之說, 又不能以沃贊睿猷, 微臣悃愊, 不知所出. 惟有昔之賢人君子, 明聖學而得心法, 有圖有說, 以示人入道之門, 積德之基者, 見行於世, 昭如日星."

2 『聖學十圖』, 「進聖學十圖箚」, "旣不免爲此叨冒, 則是勸導聖學, 輔養宸德, 以期致於堯舜之隆, 雖欲辭之以不敢, 何可得也?"

3 『聖學十圖』, 「進聖學十圖箚」, "道之浩浩, 何處下手?, 古訓千萬, 何所從入? 聖學有大端, 心法有至要. 揭之以爲圖, 指之以爲說, 以示人入道之門, 積德之基, 斯亦後賢之所不得已而作也."

4 『聖學十圖』, 「進聖學十圖箚」, "道無形象, 天無言語, 自河洛圖書之出, 聖人因作卦爻, 而道始見於天下矣."

5 『聖學十圖』, 「進聖學十圖箚」, "若張九齡之進金鑑錄, 宋璟之陳無逸圖, 李德裕之獻丹扆六箴, 眞德秀之上豳風七月圖之類, 其愛君憂國拳拳之深衷, 陳善納誨懇懇之至意."

6 『聖學十圖』, 「進聖學十圖箚」, "凝道作聖之要, 端本出治之源, 悉具於是, 惟在天鑑留神加意, 反復終始."

7 『聖學十圖』, 「進聖學十圖箚」, "更令善寫者精寫正本, 付之該司, 作爲御屛一坐, 展之淸燕之所, 或別作小樣一件粧貼爲帖, 常置几案上, 冀得於俯仰顧眄之頃, 皆有所觀省警戒焉."

8 『退溪先生文集』 권14 「答李叔獻」과 『栗谷全書』 권9 「上退溪先生問目」에 이 내용이 있다.

9 대부분 주희의 설을 가져왔는데, 다른 선유들로 양시楊時, 요로饒魯, 정복심程復心, 오징吳澄, 진덕수眞德秀 등이 있다.

10 『聖學十圖』, 「白鹿洞規圖」, "以上五圖, 本於天道, 而功在明人倫懋德業."

11 『聖學十圖』, 「夙興夜寐箴圖」, "以上五圖, 原於心性, 而要在勉日用崇敬畏."

12 이황은 차자에서 직접 "천인합일의 오묘함을 여기에서 얻을 수 있을 것입니다(天人合一之妙斯得矣)."라고 말하였다.

13 『聖學十圖』, 「大學圖」, "非但二說當通看, 幷與上下八圖, 皆當通此二圖而看. 蓋上二圖, 是求端擴充體天盡道極致之處, 爲小學大學之標準本原, 下六圖, 是明善誠身崇德廣業用力之處, 爲小學大學之田地事功. 而敬者, 又徹上徹下, 著工收效, 皆當從事而勿失者也."

14 『聖學十圖』, 「進聖學十圖箚」에서 "제왕의 학문이 갖추어야 할 법규와 금지조항은 비록 일반 학자와 다 같을 수는 없지만, 그러나 그것이 이륜에 근본하고 궁리, 역행하여 저 심법의 요점을 얻으려고 한다는 점에서는 다를 것이 없습니다. 그러므로 이 그림을 함께 올려 아침저녁으로 성상을 가까이서 모시는 신하들의 잠언으로 삼고자 합니다(帝王之學, 其規矩禁防之具, 雖與凡學者有不能盡同者, 然本之彝倫, 而窮理力行, 以求得夫心法切要處, 未嘗不同也. 故幷獻是圖, 以備朝夕暬御之箴)."라고 하였다.

15 『聖學十圖』, 「進聖學十圖箚」, "人主一心, 萬幾所由, 百責所萃, 衆欲互攻, 群邪迭鑽, 一有怠忽, 而放縱繼之, 則如山之崩, 如海之蕩."

16 『聖學十圖』, 「進聖學十圖箚」, "以至盤盂, 几杖, 刀劍, 戶牖, 凡目之所寓, 身之所處 無不有銘有戒. 其所以維持此心, 防範此身者, 若是其至矣, 故德日新而業日廣, 無纖過而有鴻號矣."

17 『聖學十圖』, 「太極圖」, "今茲首揭此圖, 亦猶近思錄以此說爲首之意."

18 이황 스스로도 "『太極圖說』에서는 정靜을 말하였지 경敬은 말하지 않았는데, 주자의 주석 가운데에서 경敬에 관해 말한 것으로써 보충하였다(太極圖說, 言靜不言敬, 朱子註中, 言敬以補之)."고 말하였다.

19 『聖學十圖』, 「太極圖」, "敬者, 又徹上徹下, 著工收效, 皆當從事而勿失者也. … 而今茲十圖, 皆以敬爲主焉."

20 『聖學十圖』, 「西銘圖」, "蓋聖學在於求仁, 須深體此意, 方見得與天地萬物爲一體, 眞實如此處. 爲仁之功, 始親切有味, 免於莽蕩無交涉之患, 又無認物爲己之病, 而心德全矣. 故程子曰, "西銘意極完備, 乃仁之體也." 又曰, "充得盡時聖人也."

21 양시는 일찍이 장재의 「서명」 내용이 묵적이 겸애설兼愛說과 '기일분수氣一分殊'의 내용을 담고 있다고 말하자 그의 스승이었던 정이가 그것은 '기일분수'가 아닌 '리일분수理一分殊'의 내용을 담고 있다고 답한 적이 있다. 이에 양시와 그의 후예인 주희도 정이의 관점을 받아들이게 되는데, 이황은 바로 이러한 그들의 설을 가져오고 있다. 『聖學十圖』, 「西銘圖」에 주희와 양시의 견해를 모두 확인할 수 있다. 주자가, "명에 대해 정자는 리일분수를 밝힌 것이라고 생각하였다. … 하나로 통일되어 있으면서 또한 만 가지로 다르니, 비록 천하를 한 집안으로 여기고 중국을 한 사람으로 생각해도 겸애의 폐단으로 흐르지 않는 것이요, 만 가지로 다르면서도 하나의 도로 꿰뚫어져 있으니, 비록 친소의 정이 다르고 귀천의 등급이 다르더라도 나만 위하는 사사로움에 얽매이지 않는다. 이것이 서명의 큰 뜻이다. 어버이를 친애하는 정을 미루어 이기심이 없는 공명정대한 마음을 키우고, 부모를 섬기는 정성에 말미암아 하늘을 섬기는 도를 밝힌 것을 살펴보면, 어딜 가나 이른바 분수를 세워 리일을 미루어감이 아님이 없다(朱子曰, "西銘, 程子以爲明理一而分殊. … 一統而萬殊, 則雖天下一家, 中國一人, 而不流於兼愛之蔽, 萬殊而一貫, 則雖親疎異情, 貴賤異等, 而不梏於爲我之私. 此西銘之大旨也. 觀其推親親之厚, 以大無我之公, 因事親之誠, 以明事天之道, 蓋無適而非所謂分立而推理一也")" 귀산 양씨가 "서명을 리일을 말한 것이니, 그리가 하나임을 알기 때문에 인을 행할 수 있고, 나뉘어진 것이 다름을 알기 때문에 의를 행할 수 있는 것이다. 이것은 마치 맹자가 '어버이를 친애한 다음에 백성을 사

랑하고, 백성을 사랑한 다음에 만물을 사랑한다'고 말한 것과 같은 것이니, 나누어진 것이 다르기 때문에 사랑을 베푸는 데에 차등이 없을 수 없는 것이다"고 말했다(龜山楊氏曰, "西銘, 理一而分殊. 知其理一, 所以爲仁, 知其分殊, 所以爲義. 猶孟子言親親而仁民, 仁民而愛物, 其分不同, 故所施不能無差等耳.")"

22 『聖學十圖』, 「心學圖」, "或疑旣云, 以大槩敍之, 求放心是用工初頭事, 不當在於心在之後"

23 『聖學十圖』, 「心學圖」, "其從上排下, 只以淺深生熟之大槩言之有如此者, 非謂其工程節次, 如致知誠意正心修身之有先後也."

24 『退溪先生文集』 권14, 「答李叔獻」, "仁說圖, 當在心學圖之前, 此說甚好, 此見甚超詣. 滉去年歸來, 始審得當如此, 及得來說而益信之, 卽已依此說互易矣."

25 『聖學十圖』, 「心統性情圖」, "其中圖者, 就氣稟中指出本然之性不雜乎氣稟而爲言, 子思所謂天命之性, 孟子所謂性善之性, 程子所謂卽理之性, 張子所謂天地之性, 是也. 其言性旣如此, 故其發而爲情, 亦皆指其善者而言, 如子思所謂中節之情, 孟子所謂四端之情, 程子所謂何得以不善名之之情, 朱子所謂從性中流出, 元無不善之情, 是也."

26 이상하, 「한국 성리학 철정리발설의 계보 상에서의 응와 이원조」, 경북대 퇴계연구소편, 『응와 이원조의 삶과 학문』(서울: 역락, 2006); 홍원식, 『한주 이진상의 생애와 사상』(서울: 예문서원, 2008), 123~142쪽 참조.

27 『聖學十圖』, 「心統性情圖」, "其下圖者, 以理與氣合而言之, 孔子所謂相近之性, 程子所謂性卽氣氣卽性之性, 張子所謂氣質之性, 朱子所謂雖在氣中, 氣自氣性自性, 不相夾雜之性, 是也. 其言性旣如此, 故其發而爲情, 亦以理氣之相須或相害處言. 如四端之情, 理發而氣隨之, 自純善無惡, 必理發未遂, 而掩於氣, 然後流爲不善. 七者之情, 氣發而理乘之, 亦無有不善, 若氣發不中, 而滅其理, 則放而爲惡也. 夫如是, 故程夫子之言曰, '論性不論氣不備, 論氣不論性不明,二之則不是.' 然則孟子, 子思所以只指理言者, 非不備也, 以其幷氣而言, 則無以見性之本善故爾, 此中圖之意也."

28 『聖學十圖』, 「心統性情圖」, "要之, 兼理氣統性情者, 心也, 而性發爲情之際, 乃一心之幾微, 萬化之樞要, 善惡之所由分也. 學者誠能一於持敬, 不昧理欲, 而尤致謹於此, 未發而存養之功深, 已發而省察之習熟, 眞積力久而不已焉, 則所謂精一執中之聖學, 存體應用之心法, 皆可不待外求而得之於此矣."

29 『聖學十圖』, 「白鹿洞規圖」, "帝王之學, 其規矩禁防之具, 雖與凡學者有不能盡同者, 然本之彝倫, 而窮理力行, 以求得夫心法切要處, 未嘗不同也."

30 『聖學十圖』, 「夙興夜寐箴圖」, "臣今謹倣魯齋敬齋箴圖, 作此圖以與彼圖相對. 蓋敬齋箴有許多用工地頭, 故隨其地頭, 而排列爲圖, 此箴有許多用工時分, 故隨其時分, 而排列爲圖. … 果能如是, 則不遺地頭, 而無毫釐之差, 不失時分, 而無須臾之間. 二者竝進, 作聖之要, 其在斯乎?"

31 『聖學十圖』, 「敬齋箴圖」, "臨川吳氏曰, "箴凡十章, 章四句. 一言靜無違, 二言動無違, 三言表之正, 四言裏之正. 五言心之正而達於事, 六言事之主一而本於心, 七總前六章, 八言心不能無適之病, 九言事不能主一之病. 十總結一篇."

32 『聖學十圖』, 「大學圖」, "故朱子之說如彼, 而今玆十圖, 皆以敬爲主焉."

33 『聖學十圖』, 「小學圖」, "蓋小學 , 大學, 相待而成, 所以一而二, 二而一者也."

34 『聖學十圖』, 「小學圖」, "學之大小, 固有不同, 然其爲道則一而已. 是以, 方其幼也, 不習之於小學, 則無以收其放心, 養其德性, 而爲大學之基本, 及其長也, 不進之於大學, 則無以察夫義理, 措諸事業, 而收小學之成功."